高手用人

黄震◎编著

北京日报出版社

图书在版编目（CIP）数据

高手用人 / 黄震编著. -- 北京 : 北京日报出版社,
2025. 9. -- ISBN 978-7-5477-5118-3

Ⅰ. C962-49

中国国家版本馆 CIP 数据核字第 20259HG752 号

高手用人

出版发行： 北京日报出版社
地　　址： 北京市东城区东单三条 8-16 号东方广场东配楼四层
邮　　编： 100005
电　　话： 发行部：（010）65255876
总编室：（010）65252135
印　　刷： 三河市骏杰印刷有限公司
经　　销： 各地新华书店
版　　次： 2025 年 9 月第 1 版
2025 年 9 月第 1 次印刷
开　　本： 710 毫米 ×1000 毫米　1/16
印　　张： 11
字　　数： 150 千字
定　　价： 49.80 元

前言 PREFACE

俗话说:“得人才者得天下,失人才者失天下。”治理国家如此,管理企业同样如此。松下电器的创始人松下幸之助曾说:“事业的成败取决于人,没有人就没有企业。”人才是一个企业发展的基础,管理之道的核心便是选人、用人。不管企业是大是小、员工是多是少,只有懂得用人之道,才能成就大事。

身为管理者,要懂得宽严相济,也就是俗语说的“打一巴掌给个甜枣”。“打一巴掌”,是说要指出员工工作中存在的问题,这是一种规范引导,也是一种警示的行为。“打一巴掌”之后,员工很可能心生不满,即使知道做错了或许也会不服气,这个时候,适当“给个甜枣”,既是一种人情上的关怀,也是在劝诫对方要坚定跟着公司团队好好努力。需要注意的是,“巴掌”和“甜枣”要做好平衡,“巴掌”不能打得太狠,“甜枣”的量也要适当。敢于打“巴掌”,善于给“甜枣”,其实就是一种宽严相济,目的是调整沟通渠道,让有能力、敢作为的人看到“能者上”的希望,也让不作为、懒作为的人看到“劣者汰”的后果,从而达到好的管理效果。

身为管理者,要懂得知人善任,让有能力的人做力所能及的事,把合适的人放到合适的位置上。刘邦之所以能成就霸业,是因为有张良出谋划策、有萧何稳定后方、有韩信纵横沙场。优秀的管理者,除了要了解员工的业务水平、工作能力,还要掌握员工的性格特点及发展潜力,充分发挥每个员工的优势,人尽其用,才能在提升个人能力和团队水准的同时,为企业创造更大的价值。

身为管理者，要懂得员工的心理。兵法有云："用兵之道，攻心为上，攻城为下；心战为上，兵战为下。"素有"20世纪最优秀的管理者"之称的杰克·韦尔奇曾说："身为领导者，你可以不懂财务，不懂专业知识，但你不能不懂心理学。"利用制度可以管理员工的言行，却管不了他们内心的想法，如果员工不能从心理上信服你，工作效率是很难有保证的。所谓"懂得员工心理"，其实就是懂人心、通人情、知人性，要清楚员工的心理需求，达到高效沟通，进而展现身为领导者的魅力。

身为管理者，要懂得化解冲突。团队成员之间难免会有冲突，这不一定是坏事，有些冲突会引发新的思路，而有些冲突则对稳固组织体系具有推动作用。无论是员工之间发生冲突，还是管理者和员工之间发生冲突，首先要做到的是及时处理，避免事态的升级和负面影响的扩大。事实上，团队冲突很多时候不在于规则，而在于每个人对规则的理解不同。身为管理者，在处理团队冲突时，除拿规则说事外，还要做到真诚，在保持沟通的同时展现同理心，最后制订切实可行的解决方案，巧妙化解冲突。

本书从管理者的角度出发，配以生动的案例，罗列了一些翔实且有效的用人之道，并回答了关于如何用对人、管好人等根本性问题。本书既有心理学理论知识，又有实践性操作技巧，干货满满，希望广大读者能在读完此书之后有所获益，早日实现自己的人生理想。

目录 CONTENTS

第1章 慈不掌兵，当领导应宽严相济

第2章 恩威并济，把批评用对地方

第3章 知人善任，把人放在合适的位置

第4章 赢得人心，让员工甘愿跟随

第5章 收益驱动，钱要给，还要给对

第6章 不吼不骂，如何让员工高效配合

第7章 制造“危机”，让所有人行动起来

第8章 洞察心理，利用人性特点带团队

第1章

慈不掌兵，当领导应宽严相济

领导有威信，员工有干劲

“慈不掌兵”，意思是说，作为企业管理者，在管理员工的过程中，当宽则宽，当严则严，该宽松时不要过分严苛，该惩罚时严格依照公司制度。

在管理员工的时候，宽则无纪，员工很可能养成拖延、浮躁的惰性，还会把你的话当成耳旁风，甚至觉得你耳软心活；如果太严苛，则易伤人心，员工很可能心生畏惧，不敢多问，也会影响工作效率。

管理者应该宽以待人，对待员工一视同仁，不能厚此薄彼，要用仁爱之心关注员工成长，挖掘员工潜力。当然，宽厚之外，领导还要有一定的“威严”，以威立信。

为什么要“严”？因为管理者的“严”既是为企业的发展负责，也是对员工的生计负责。

每次接到项目，张经理都会组织团队进行“头脑风暴”，要求每名成员必须提出至少三个有创意的想法，并对每个想法进行可行性分析。策划方案时，他对文案、排版、创意呈现等细节逐一审核，稍有不符就要求重改。

有一次，团队负责一个知名品牌的广告策划案，小赵想到了一个自认为很棒的创意，结果汇报时却被张经理指出“虽然新颖，但却没有精准把握目标受众，也无法传达品牌核心价值”。小赵觉得很委屈，张经理便和大家分析起了市场行情和受众心理，并引导小赵重新思考。在张经理的严格指导下，小赵经过多次修改，最终拿出了出色的方案。方案在执行时，张经理依然严格把控每个细节，还和大家一起加班到很晚，力求精益求精。

在张经理的严格管理下，团队顶着压力，成功拿下了多个重要客户，原本岌岌可危的公司也获得了一线生机，团队成员不仅收获了丰厚的报酬，能力也得到了极大的提升，就连曾经觉得张经理过于严苛的小赵也不禁感慨道：“张经理看似严格，其实是对我们每个人负责。”

有一位著名的企业家在接受采访时曾说：“你想过普通的生活，就会遇到普通的挫折。你想过最好的生活，就一定会遇上最强的伤害。这世界很公平，想要最好，就一定会给你最痛。”一个将军的责任，不是让士兵喜欢，而是能让士兵打赢战役，活着回家！一个领导的责任，也不是让员工喜欢，而是让员工成长，让员工获得更多的认可、更高的收入，过上更好的生活。

上下级关系就是直接的工作关系，也就是说，上一级的工作需要通过下一级去执行完成。为了让下级服从工作安排，上级就必须在工作中通过严格的管理方式来确保工作的顺畅，从而保证员工的执行力。

管理者在工作中的“严”，对团队中的每个人都有好处。正如“滥竽充数”的故事，如果管理精确，对每个人的要求细化，就不会发生“滥竽充数”

的现象了。而且，在严格的管理和要求之下，员工的进步往往会更大，团队的业绩也更容易朝着好的方向发展，这才能让团队乃至整个企业获得良性发展。

作为管理者，当宽则宽，当严则严。那么，具体该如何做呢？

初当管理者，“严”比“宽”管用。初当管理者，首要的问题是在团队中树立自己“能管事”的形象，这时“严”往往比“宽”管用。

小马刚升任主管不久，因为他是领导从员工中提拔上来的，现在的员工正是原来的同事，所以小马跟员工还是保持着之前的相处方式，管理风格比较温和，工作中也总是有说有笑。领导看见后，批评他没有完成角色转换，让他对下面的人严厉一点。

员工是原来的同事，相互之间比较熟悉，相处也比较宽松自在，如果保持原先的沟通方式，一般很难完成领导身份转变。同事关系和上下级关系是不一样的角色关系，如果依然保持同事关系，可能会影响工作安排。

角色的转变和严格的管理，会让原先的同事觉得你不一样了，从而主动和你保持一定的距离。上下级之间只有保持一定的距离，才会自然而然地构建恰当的工作关系边界，领导基于职责所赋予的影响力也才能够更有效地展现。当你具备这种影响力后，你说话才会有人信服，安排工作才会顺利。

回溯历史，很多王朝都会经历内忧外患、外敌肆虐的时期。凡是名将都深知，一支纪律涣散的军队无法保家卫国、收复河山，于是都以铁腕手段治军。如岳飞就制定了极为严苛的军规。

有一回，在行军途中，一名士兵实在找不到合适的马草捆绑工具，便顺手拿了百姓的一缕麻。他本以为是微不足道的小事，却被岳飞知晓。岳飞毫不留情，认为这是违反军纪、损害百姓利益的严重行为，当场下令将这名士兵斩首示众。

在岳飞的严格管理下，军队纪律严明，所到之处，秋毫无犯，深受百姓爱戴。作战时，这支军队勇猛无畏，多次以少胜多，让入侵的外族发出撼动无门的感叹。有人问岳飞用兵的方法，他回答说："仁义、信用、智慧、勇敢、严厉，缺一不可。"

"严"要从平常做起，才会深入人心、行之有效。如果平时不严，临时严厉，往往达不到预期效果。

管理是一门技术，就像指挥作战时的排兵布阵一样，管理得当，则大功告成；管理不当，则危机四伏。对于管理者而言，最重要的是宽严相济。

能忍耐，也敢在适当的时候发脾气

职场中，领导要有忍耐的能力，也要敢于在适当的时候发脾气。有时我们会发现，有脾气的领导，其团队执行力远胜于脾气好的领导。很多知名企业的领导，往往非常强势，脾气也很火暴，但是这些领导却非常受员工拥护。

古代有一位赵将军，以脾气火暴闻名。在一次扎营时，有些士兵偷懒，营地的防御工事搭建得敷衍了事，赵将军发现后，暴跳如雷，拔刀砍向旁边的木桩，大声吼道："如此懈怠，若敌军来袭，汝等皆为刀下亡魂！"士兵们吓得纷纷跪地求饶。

此后，士兵们深知将军威严，不敢再有丝毫懈怠，无论是巡逻站岗，还是日常训练，都严守纪律，刻苦操练。在赵将军的"脾气治军"下，军队战斗力大增，多次在战场上取得胜利。

管理者有脾气，也是给员工传达信息的方式，促使团队成员重视任务细节与整体目标。有时候，这种"暴风骤雨"式的批评远比"和风细雨"式的批评要有效得多。

为什么“有脾气”反而能在管理中起到积极的作用？

在员工的逻辑中，领导有脾气也许是一种强势的表现。在职场，察言观色是打工人必备的生存技能之一。那些从员工中被提拔为领导的人，有些恰恰是有脾气的人。但凡没有真本事的，一般都不敢有脾气，如果敢有脾气，可能第二天就被辞退了，根本不可能成为领导。所以，在这样的环境下，很多人觉得有脾气的领导才有真本事，那些没脾气的人反而毫无能力可言。这并非“吃硬不吃软”，也不是“不知好歹”，而是职场打工人的下意识反应。

在员工看来，领导有脾气反而更能了解其在工作上的要求。因为有脾气的领导，往往会把自己的喜怒不加掩饰地表露出来，作为员工就能更加直观且清楚地明白领导的意图，以及领导对员工工作是否满意，这是一种低成本、直接沟通的方式。在很多人眼里，不怕领导有脾气，就怕领导不直言。

王德才在一家公司一待就是十几年，从最基层的员工一直做到今天的高管，可以说他把人生中最宝贵的十几年都献给了这家公司。让人震惊的是，这家公司的领导还是有名的暴脾气。王德才目睹了流水一般的员工来了又走，自己则像“铁打的营盘”留了下来。

吃饭的时候，朋友感叹道：“你们老板这么凶，你居然坚持下来了！”王德才笑着回答道：“老板虽然脾气火暴，但为人挺好的。他很坦诚，对待员工从不玩心眼，而且很善良，很少主动解雇员工。比起那些看似温柔，实则爱算计、毫不犹豫就辞退员工的老板，还是我们这种老板好，脾气差点就差点吧，挨骂也踏实。”

其实，越是强大的企业竞争越是激烈，员工就相对地缺乏安全感。大企业的领导会用残酷的方式激发员工的潜能，让员工尽可能地给企业创造价值。所以，优秀的领导、对员工认真负责的领导，会逼迫员工去成长，在这种“逼迫”的过程中，很容易给员工展现脾气不好的一面。

作为领导，你需要有一点脾气，只有这样，才不会因为碍于情面，对员工低目标、低标准，放任员工成为毫无战斗力的职场“小绵羊”，或者成为没有任何上升空间的职场“老油条”。没有脾气，温言细语，心慈手软，有可能会助长员工的不思进取和懒惰，而这样的员工迟早会被战斗力、进取心强的员工淘汰。

那么，作为管理者，具体该如何做呢？

管理者要善于利用自己有脾气的一面，严格规范员工行为。稻盛和夫在《活用人才》中说过：“经营者对员工的纵容娇惯只不过是‘小善’，如果企业的经营者想要培养优秀的员工，就必须对其进行严格要求，展现严厉的一面，这才是‘大善’。”做领导的不能没有脾气，一个适度展现“坏”的领导，有可能是优秀的领导，但是一个不发脾气的领导未必会成为优秀的领导。

一位著名的企业总裁曾在节目上被问到是否对员工发脾气时，她这样回答：“人怎么可能不发脾气呢？不发脾气的领导者往往是滥好人。”只有那些不够专业的领导，不敢得罪员工的领导，才喜欢做“滥好人”，结果只会害了员工，也害了整个团队。

讲制度，不要让感情妨碍管理

一个成功的管理者，在遇到员工违反制度时一定要一视同仁、当机立断，切忌感情用事。要么不轻易做决策，要么旗帜鲜明地表达自己的立场，千万不要让员工觉得你优柔寡断、厚此薄彼。

管理一家企业，不能仅靠调整管理方法来实现。“无规矩不成方圆”，只有制定制度，立下规矩，才是企业保持良性发展的长久之计。

作为管理者，必须维护制度的优先性，才能实现有效管理。

《三国演义》中，马谡作为一名优秀的将领，却犯下低级错误，导致街亭失守。作为领导者的诸葛亮，没有因为马谡是自己的爱将就网开一面，而是严格按照军中纪律，挥泪斩之，最终稳定了军心，维护了军纪的权威性。

作为管理者，如果总是按照自己的喜好领导工作，就容易出现朝令夕改的情况。只有建立完善的管理制度，严格按照规章制度办事，才能更好地开展工作。

企业是一个利益集体，所有人一起付出劳动，共同努力，创造价值。因此，每个企业的规章制度，是大家应该共同遵守的原则和底线。管理者只有在制度面前一视同仁，管理起来才会得心应手。

那么，具体该怎么做呢？

制度面前，以身作则

作为管理者，在制度面前，一定要以身作则，成为执行制度的模范，因为以身作则最具说服力。制度是给员工制定的，也是给管理者制定的，管理者不应该因为私人感情或私人利益而罔顾制度。正所谓“其身正，不令而行，其身不正，虽令不从”。

《三国演义》中有这样一则故事。曹操带兵打仗，曾明令禁止扰民，更不能践踏庄稼，如有违者，一律斩杀。结果一次行军途中，路过一片麦田，曹操的马因斑鸠突然飞来而受到惊吓，踩踏了麦地。

曹操说：“我定的纪律，自己都不能遵守，还怎么要求别人遵守呢？”说罢，便要拔剑自刎，在众人的极力阻拦下，曹操最终割下一绺头发，代替自己的人头。

古人认为“身体发肤，受之父母”，因此割发是相当大的惩罚。而曹操“割发代首”的故事，一度成就了其严格执法、严于律己的美名。

制度面前，赏罚分明

“赏罚分明”出自《汉书·张敞传》：“敞为人敏疾，赏罚分明。”

张敞是西汉时期的名臣，他一生清廉，无论是做京官还是地方官都兢兢业业，政绩显著。汉宣帝在位时，哪里混乱且难以治理，就把张敞派到哪里。只要是张敞任职的地方，很快就会被治理得井然有序。

张敞能有如此政绩，全仰仗他的“赏罚分明”。职场中，有些管理者对待自己的老同事、老部下、老朋友等，明明知道他们做得不对，也不批评，习惯性地大事化小、小事化了；而对于关系疏远或有成见的人，如果出现同样的问题，就会大说特说、大罚特罚。这种厚此薄彼的做法，很容易削弱管理制度的可靠性和有效性，也会损害管理者的个人声誉。

范凯作为空降的首席技术官（CTO），刚进公司的时候，发现一名员工能力很强，曾经连续几年获得“优秀员工”的称号，但现在的工作表现却非常消极。于是范凯决定找他谈话一探究竟。

结果这名员工坦言：“我觉得在公司看不到希望，表现得好也得不到晋升和奖金，别人表现得差也没啥惩罚，做好做坏一个样，为什么还要好好表现呢？”范凯了解完情况，给这名员工设立了新的目标，并做出了明确承诺。这名员工不负期望，表现越来越优秀，很快被提拔到经理的位置。

要想让员工服从管理，遵守管理制度，管理者就要做到赏罚分明。因为“赏”决定了员工听从管理的动力，而“罚”则给了员工服从管理的压力。只有做到赏罚分明，才能体现公平原则，有利于提高员工的工作积极性。

在制度面前，管理者切忌感情用事，不仅要一视同仁，还要以身作则、赏罚分明。

领导不“狠”，团队不稳

身为领导，一味地仁慈只会束缚自己的手脚，不仅成不了大事，还会危及自己的地位。身为领导，就要心“狠”一点，这属于领导力的范畴。

很多人天真地以为，当领导一定要对员工好，最好不批评、不教育，凡事都要和员工商量，宽松管理，快乐带队，这样大家自然就会热爱工作，取得更好的业绩。然而这些都是想当然。现实中，如果真的照做了，只会让团队的纪律容易变得松弛、执行力低下，还会加速团队的解散。

能够熟练带领团队的人，不仅有优秀的业务能力，还有杀伐决断的魄力。

汉高祖刘邦，面对为自己征战沙场多年，立下汗马功劳的韩信，曾三次夺下他手中的兵权。刘邦采取这些行动意在巩固自己的地位，同时告诉韩信，兵权是自己给他的，也有能力夺回来，以此警告他不要生出异心。

现代社会虽然不是秦末汉初的乱世，但是职场依旧如同风云变幻的江湖，形形色色的人汇聚于此。身为管理者，只有心“狠”一点，树立说一不二的形象，才能做到令行禁止。

身为管理者，如果过于“好说话”，员工就敢随意提要求，毕竟贪婪是人的本性，欲望永无止境。当人的需求很容易被满足时，索取只会变得更多，长此以往，乱象丛生，整个团队也许会变成一盘散沙。

> 电视剧《流金岁月》里的叶谨言便是这样一个好说话的老板。他对员工非常好，带着老员工杨柯和唐欣都过上了体面的生活，还有一定的社会地位。然而就是因为叶谨言对员工的要求一再让步，导致杨柯的胃口越来越大，哪怕身居销售总监的高位也不能令他满足，最终带着公司财务自立门户。最让叶谨言想不到的是，杨柯还挖走了他格外器重和信任的唐欣。

管理者如果一味地满足员工的要求，只会让他们“欲壑难填”，只有逼自己心“狠”一点，才能更好地保证团队的长久稳定与发展。

此外，领导不“狠”，也无法为公司和员工争取最大利益。性格温和的领导，很难为公司拉来大单；懦弱的部门主管，也很难为部门同事争取最大的利益。

> 大华跟了一位“老好人”型主管，刚开始觉得很舒服。主管脾气温和，啥事都好说话。渐渐地，大华发现，自己所在的部门似乎是最不受待见的，明明是本部门做的事，却被其他部门领了功。大华气不过，让主管去找上级领导谈一谈，主管却安慰他说都是小事，和气生财。结果，大华所在的部门，不仅总是被其他部门的同事嘲笑、

欺负，就连团建福利都是最少的，过节礼品也是其他部门挑剩下的。

碰到这么一位“和事佬”，大华最终选择了离职。

与其做“心软”但不能维护员工利益的领导，不如做“心狠”的领导，虽然对员工高标准、严要求，但是能为员工争取到应得的利益。

那么如何“狠”才能让自己和员工都获益呢？

对待员工要“狠”

对员工“狠”，并不是压榨员工，而是为了团队利益，敢于做“恶人”。既不想得罪人，又想把事情做好，哪有这种两全其美的事？

很多时候，管理者无法让每一位员工都能理解自己的决策和布局，不如提出强硬的要求，比如“理解要执行，不理解也要执行，实在不能理解就在执行中加深理解”。以公司利益、团队利益为先，哪怕暂时让某些员工伤心又何妨？

面对机遇和挑战时要“狠”

作为领导，手握重要的人力、物力、财力资源，如果在需要前进时贪图安逸，在面对强大对手时习惯退缩，在面临机遇时不敢尝试，活在过去的经验和成就中，毫无进取心，得过且过，无疑是没有任何前途可言的。作为员工，尤其是优秀且想有一番作为的员工，往往不会和这样一个缺乏勇气和“狠”劲的领导合作的。

说话要“稳、准、狠”

作为领导，要么不说话，一旦开口，最好一针见血，直指核心，让人无话可说、心服口服。千万不要讲一些夸夸其谈、模棱两可的大道理，就想让员工为你卖命。无用的话说了一堆，没几句说到点子上，员工未必能听明白你的要求和意图，也不会感激你的“委婉”。

领导有气场，员工有磁场

作为领导，要想得到员工发自内心的敬重，个人能力和综合素质固然重要，由内到外的气场也很重要。只有塑造强大的领导力气场，才会形成独特的感染力，赢得员工由衷的认可与服从。

领导的“气场”，其实就是领导的影响力。一位知名企业家坦言：“如果你想做团队的老板，这很简单，你的权力主要来自地位，来自上天的缘分或凭借你自身的努力和专业知识；而如果你想做团队的领袖，这就比较复杂，因为你的力量源自人格魅力和号召力。”这里所说的人格魅力和号召力，就是气场影响力。

气场是领导者独一无二的名片。气场的大小，直接决定了领导力的高低，也决定了其对企业与他人影响力的强弱。

生活中，所谓的成功人士，一般都具有强大的气场。一个人的气场和他的身高长相、穿着打扮并没有太大的关系。比如古代的帝王，就算穿着一双破草鞋，照样无法掩盖“王霸之气”——领导者的影响力。这种影响力能把人才吸引过来，把团队凝聚起来，从而干出一番事业。

许强起初在北京投身新能源领域的创业项目，后来由于种种原因无以为继，便决定回老家重新创业。许强做出这个决定后，员工都很吃惊。许强说给大家一天时间考虑，想留在北京的会帮忙推荐比较大的公司，工资也不会低。结果大家没考虑多久，便纷纷决定跟许强到新的城市重新开始。

这便是许强的强大领导力气场。回到老家，办公地点就在许强自己家中，他喊出“我们要打造最大的新能源产业链”的口号，逐步将自己的公司经营得蒸蒸日上。

身为领导，工作中难免遇到不听话的员工，出现工作敷衍了事等问题。这种时候，态度强硬固然能达到立竿见影的效果，但是往往“治标不治本”。而且当一个人在发泄负面情绪的时候，很容易做出一些不理智的行为，最终反而不利于问题的解决。作为一个领导者，如果能做到不生气，还可以给员工发出有力的指示并让他们信服，往往体现了他强大的领导力气场。

那么，如何培养领导力气场，在员工面前发挥影响力呢？

谨言慎行，喜怒不形于色

领导作为一个公司的决策者和管理者，其言谈举止，往往格外引人关注，员工也会不自觉地揣测领导的意图。领导如果能够做到谨言慎行，喜怒不形于色，就会给人一种成熟稳重、胸有成竹的印象，让人一眼望过去就能被他的威信所折服。

举个例子，上级领导第一次来视察，你对这个领导其实并不了解，可能也没有当面沟通交流过，但是他只说了句“大家辛苦了”这样简单的话，甚至一句话都没说，你都会感受到这个领导的气场，认定他的能力，觉得跟着这个领导肯定靠谱。

作为领导，在员工面前要有控制情绪的能力，这会给人以可靠、稳定之感。如果显露太多的情绪、透露太多的底牌，很容易让员工失去敬畏之心。所以，领导要想培养气场，保持形象，就要既不失亲近感，又要保持距离感。

言简意赅，坚定而自信

话不在多，而在精。话多的领导，反而不利于建立自己的威信。因此，除一些特殊场合需要发表长篇大论外，在管理过程中，领导应该多听少说，追求言简意赅，点到为止，千万不要婆婆妈妈、夸夸其谈。

领导在说话的时候，还要注意力度的掌控。强调某件事时，注意手势的运用，正视对方的眼睛，展现出一副坚定、自信的形象，这样一来，自然会给人德高望重的感觉。另外，在说话的时候，要注意保持风度，不随意发泄负面情绪，以免损害个人形象。

德才兼备，做到身体力行

管人的核心在于管心，“信服”比“压服”更管用。一个才能平庸的领导者往往无法让员工心服口服，只有表现出良好的职业素养，展现过人的本事，领导者才能真正形成内外统一的气场。

“外行管内行”的现象之所以被人诟病，就是因为外行领导不懂专业领域的业务知识，常常做出贻笑大方的决策。作为一个领导，就算不懂专业细节，也要对整个工作流程了如指掌，做到把握全局，及时调整各方面的节奏，不然很难服众，更别提拥有领导力气场了。

放眼职场，有的领导只会装腔作势，故意摆出一副高高在上、不苟言笑的姿态，不仅得不到员工的尊重，还让人嗤之以鼻。而有的领导举手投足之间，自然而然散发一种强大的气场，让人肃然起敬，甘愿听从并跟随。一个人想成为一名优秀的管理者，就必须有不可抗拒的感染力，培养强大的领导力气场，形成成熟沉稳的气质，如此才能言出法随、令行禁止，让员工心甘情愿地追随。

如何应对不服从工作安排的员工

面对不服从工作安排的员工，领导要有雷霆手段，万不可手软，更不能忽视和逃避。身为领导，不要怕得罪人，既要有菩萨心肠，也要有强力手腕。

现代职场中，队伍不好带，员工不好管，这是所有管理者都要面对的难题。尤其是对于那些不服从工作安排的员工，管理者往往束手无策，严也不行，松更不行。

大木升为部门主管，刚高兴没两天，就发现领导真是不好当。每次大木分配工作任务，员工总是满口答应“保证完成任务”，但是之后一问到进度，就没了下文。大木忍不住斥责了一番，结果员工不但不好好干活，还开始拒绝听从大木的安排，不是拖拉磨蹭，就是找各种借口，最后大木越来越不知道怎么管理了。

对于那些工作中不服从工作安排的、棘手的、有问题的员工，管理者应当采取“零容忍”的政策。那么，具体该如何做呢？

分而治之

所有不服从工作安排的员工，往往都有各自的问题，管理者首先要做的是对他们进行分类，再逐个击破。比如将偷懒耍滑的员工分成一类，将不尊重领导、态度有问题的员工分成一类，将喜欢谋求私利、奔走钻营的员工分成一类。然后针对不同的人群，分析背后的原因，按照不同的情况，采取不同的管理方式。

如果遇到抱团对抗的员工，管理者需要与他们分别谈话，一对一沟通，分别找到每个人真正的需求或弱点，再对症下药，因势利导，寻找稳定局面和化解矛盾的突破口。

沟通到位

无论在什么情况下，员工和管理者之间都有加强沟通的必要。很多时候，一些问题的出现，大都是沟通不到位的结果。作为管理者，实现有效沟通是一项必备技能。沟通是为了站在对方的立场思考问题，只有沟通到位了，才能保证执行力到位。针对有问题的员工，管理者在采取强硬手段之前，有必要先进行沟通，在沟通无效的情况下，再采取其他措施。

一项统计显示，面对改变，通常只有 20% 的员工一开始会全力支持，50% 持中立态度，剩下的 30% 是非常抗拒的。事实上，抗拒改变是人的自然反应，而且是一个必然的过程，员工需要时间调整，更需要领导的沟通和协助。

对于那些总喜欢跟领导“唱反调”的员工，管理者可以在开会之前，单独将其叫到办公室，先询问他的意见和想法，开诚布公地谈一谈，同时也可通过一对一的交流，提醒对方的行为界限。而对于他之前的“逾矩”行为，也表示不知者不怪，并肯定对方的价值。

制度约束

将管理制度执行到位，会在很大程度上节省管理成本。

在团队管理中，不能单靠个人手段去管控，更多的时候要善于运用制度来约束。规章制度不仅能有效提高员工的工作效率，还能避免员工犯错。身为管理者，要不断完善制度，用制度管人、流程管事，才能事半功倍。

合理的考核机制是应付不服从工作安排员工的有效手段。一个企业应该设立合理的奖惩考核机制，不能做好做坏一个样。无数百年企业成功的关键在于它的“选、育、用、留”机制，对员工的选拔任用、培养管理都有明确的规定，这些制度既能规范普通员工的言行，更能限制那些不服从工作安排的、越界的员工。

第2章

恩威并济，把批评用对地方

如何运用“汉堡式批评”

所谓“汉堡式批评”，是指“肯定 + 批评 + 鼓励”的模式。在“汉堡式批评”中，“两片面包”是肯定，“中间的一片肉”是批评。这种批评方式来源于心理学上的“三明治效应”，即把批评夹在两次表扬之间，使对方能够愉快地接受批评的心理现象。

先对员工的工作给予肯定，让对方放下心理防备，然后展开批评，让对方认识到自身的错误，最后进行鼓励，让对方放下思想包袱。这种批评方法，不仅不会伤害对方的自尊心、打击对方工作的积极性，还会使对方更好地接受批评，改正自身的不足。

某互联网公司研发部，因负责核心模块开发的大海过度追求技术完美，导致项目进度缓慢。经理找他谈话——

“你是公司的技术骨干，客户也一直反馈你负责的模块是系统中最稳定的，他们很满意。”

“不过，客户的时间就是金钱，如果这个项目不能按时交付，公司可能要赔付一大笔违约金，这个责任你担不起，我也担不起。”

“只要你能在本周五交付基础版，个别小细节不满意可以后期再调整，这样我还能在本月为你申请你负责模块的架构设计奖。”

经理没有直接指责大海的不对，而是先肯定了他的能力，然后才指出他的问题，最后又给予鼓励，是典型的汉堡式批评。通过将批评包裹在价值认可与成长激励中，既解决问题又不损耗团队动能——这才是汉堡式批评在管理中的高阶应用。

管理者如果只是一味批评，很容易引起员工的不悦情绪，就无法达到预期目的。

“汉堡式批评”的心理作用机制

放下防备心理：在批评之前，先说些关怀的话语，营造良好的沟通氛围，如果一开始就批评，语气又十分严厉，很容易让对方产生防备心理，即使你之后说的话有理有据，对方可能也不愿意接受。比如对方迟到了，比起一上来就说“你看看都几点了，还干不干了？”，不如这样说：“你一向表现不错，今天迟到是有什么原因吗？如果身体不舒服要早点去看医生，如果家里有事，可以事先跟我打个招呼……”

解除后顾之忧：批评很容易打击员工，让员工一蹶不振，甚至让员工直接拍屁股走人。“汉堡式批评”的最后一层便起到了安慰和鼓励的作用，给被批评者希望、信任和支持，让他们接受并改正错误，重燃斗志，再无后顾之忧。

给对方台阶下：批评的目的是让对方改善行为，而非让对方难堪。“汉堡式批评”的优点在于指出对方的不足之后，肯定对方好的一面。这种批评方式能在不伤害对方感情、不破坏对方自尊的基础上，让对方认识到自己的问题所在，从而积极改善自身行为。

运用“汉堡式批评”的注意要点

让对方知道你的处境和心情：告知对方你的处境，表达你的情绪和心情，可以让对方更加理解你的感受，从而进一步接受你的批评。

罗列客观事实：就事论事，陈述事实；指出问题的严重性，让对方知道这些事情所造成的实质性影响；避免使用情绪化语言，更能让对方接受批评。

提出建议和意见：说清楚问题以后，还要告诉对方该怎么做、如何改进，从而推动问题的解决，帮助对方改正错误。

“汉堡式批评”的实际运用

员工没有按照工作进度完成任务，你可以先表示肯定：“你做事向来都是很积极的。”然后变相批评：“这次让我有些意外。”最后再给予鼓励：“我相信你能把它完成好。”

员工刚完成一项难度较大的任务就要求升职时，你可以这样做：

先提出表扬：“这次项目你完成得还不错，对我们今年的业务目标很有帮助……对于你想自我提升的热情，我很欣赏。”

然后提出问题：“不过，你想升职的话，条件还不够成熟，就拿你这个项目来说，其实还有很多细节问题没有处理好，比如……”

最后给予正面肯定：“这个项目虽然存在不少问题，整体还是不错的，你可以吸取经验教训，再好好整理一下。加油干，机会有的是。”

“汉堡式批评”在职场中运用的最大好处就是，指出对方不足的时候，不会让对方产生抗拒心理，更不会让对方记仇，从而使对方能够更好地工作。

两块赞赏的“面包”，夹住批评的“肉片”，员工吃起来才不会感到生硬。

批评留余地，管理留空间

作为管理者，对员工的小错要学会装聋作哑，得饶人处且饶人，给员工改正错误的机会，员工也会对你感激不尽，更加敬重你。

宋代姚宽所著的《西溪丛语》中讲述了这样一个故事：

> 有个道士下棋很厉害，每次下棋都会让对手先走一步。道士过世几年后，有人遵照嘱托帮道士改葬，挖开坟墓，却发现他的棺材是空的。原来这个道士早已羽化登仙，只留下一首诗："烂柯真诀妙通神，一局曾经几度春。自出洞来无敌手，得饶人处且饶人。"

这便是"得饶人处且饶人"的由来，意思是说，做人要尽量宽容，懂得体谅别人，做事要留有余地，不要把事情做绝。做人做事如此，职场上同样如此。

民间流传着一个关于拿破仑的故事：

> 拿破仑曾率兵在一个葡萄园附近安营扎寨。一天早上，葡萄园主看见满地的葡萄皮后，一时生气，就跑来跟拿破仑告状，希望他

能找出偷葡萄的士兵。拿破仑觉得长期征战让士兵们吃了很多苦头，他们看见诱人的葡萄偷吃一些也情有可原，于是他便跟园主道了歉，并按价进行赔偿。

过了几日，葡萄园主拿着几筐葡萄来慰问军队。拿破仑对园主的热情表示感谢后，便掏钱给他，说："我的部队从不无偿收别人东西，这是军规，希望你不要让我们破坏军规。"葡萄园主不肯接受，还问："那么，您之前为什么不处罚偷吃葡萄的士兵呢？"拿破仑回道："眼下正是士兵们出生入死的时候，他们一直表现优秀，如果拿一点小错去衡量一个人的功过，未免有些小题大做了。"

这件事很快传了出去，偷吃葡萄的士兵主动找他承认错误，并表示自己愿意接受任何处罚。拿破仑笑了笑，便原谅了他，只让他以后加强自我约束。自此之后，那名士兵死心塌地地跟随拿破仑南征北战，每次都冲锋在前，立下了赫赫战功。

对于员工犯的小错误，领导不必斤斤计较，动辄训斥只会把关系弄僵。比如，当员工因为犯了小错而被领导责罚时，心里可能会抱怨："这么点小事，犯得着啰唆个没完吗？"员工也可能会为了避免伤自尊而想办法自圆其说，甚至不愿意承认自己的错误，最终只会浪费更多的时间，引发更大的矛盾和冲突。这种情况下，身为领导，如果得饶人处且饶人，不仅能让员工更容易接受批评，承认过失，更快地弥补损失，还能展现领导自身宽容厚道的形象，让员工心悦诚服。

《资治通鉴》里记载着这样一个故事：

子思向卫侯举荐人才，说："苟变这个人是将才啊，他一人便能指挥五百乘兵车。”

卫侯摆摆手说：“我知道这个人，但是他曾经在收税的时候吃过人家两个鸡蛋，此人不能用啊！”

子思却说：“圣主选人才，就像木匠选木材一样，要取其长处、弃其短处。几个人才能抱得过来的大树，不会因为烂了几尺就不用了。现在国家正是用人之际，缺少卫国良将，您不能因为人家吃过两个鸡蛋就弃之不用啊，传出去岂不让邻国笑掉大牙？”

卫侯这才恍然大悟，接受了子思的意见。

“千军易得，一将难求。”如果因为两个鸡蛋就弃用一员大将，上哪儿再找能领兵打仗的干将呢？苟变的故事告诉我们，不能因为一点小事，就不用有大才干的人。鲁迅先生有言：“倘要完全的书，天下可读的书怕要绝灭。倘要完全的人，天下配活的人也就有限。”我们不能只盯着员工的缺点和问题不放，而是要看他的本事。我们用人重在对方的才能，而不是对方的过失。身为管理者，如果只看见员工的短处，看不见其长处，说明自身管理水平实在有限。

德鲁克在《有效的管理者》一书中指出：“倘要所用的人没有短处，其结果至多只是一个平平凡凡的组织。所谓‘样样都是’，必然一无是处，才干越高的人，其缺点往往越明显。有高峰必有深谷，谁也不可能十项全能。”如果总喜欢求全责备，盯着员工的不足，最后得到的只能是一个平平无奇的庸才。

俗话说，“将军额上能跑马，宰相肚里能撑船”。作为管理者，应该要有这样的容人之量，宽待员工，得饶人处且饶人。这种“饶人”其实也是一种以退为进，你退一步，对方进一步，彼此的关系就会变得更融洽，还能继续合作共赢。在这个过程中，你不仅得到“赢”的好处，还能得到对方的敬佩，这便是“饶人”的至高境界。

批评员工后该怎样安抚

批评之后，必须有善后。因为再恰当的批评也是批评，员工在被批评的过程中难免觉得委屈、伤自尊，甚至还可能心生愤懑，不仅影响工作效率，还可能做出不理智的行为。批评后的及时安抚，是对员工的一种情感补偿。毕竟人与人之间，职位虽有高低，人格却是平等的。

一次，王林接到一份大订单，慎重起见，他特意将这份订单交给一贯沉稳的严利负责。然而严利却因为一个小小的失误，将这笔难得的生意搞砸了。

眼看着煮熟的鸭子飞了，王林非常生气，把严利叫到办公室训斥了一顿。只见他一边冲严利发火，一边随手拿起桌子上的钢尺重重地敲打在桌面上，由于情绪过于激动，甚至将钢尺给敲弯了。

面对大发雷霆的王林，严利像霜打的茄子，低着头小声说："这段时间父亲一直生病住院，医院、公司、家里三处来回跑，确实是我耽误了订单的进度，对不起……"严利的话让愤怒的王林冷静了下来，他意识到，一贯稳重的严利不会无缘无故搞砸订单，他这次也是迫于无奈。失魂落魄的严利正准备离开办公室，王林突然叫住了他。

王林一改刚才的态度，用平静而温和的语气对他说："抱歉，我的钢尺弯了，能否请你帮我把它弄直了？"

严利立即拿起钢尺，双手用力地掰着，想把钢尺掰直。刚开始严利还有些不知所措，随着一次次掰着钢尺，他便把自己的委屈等负面情绪全部发泄到了钢尺上，等到钢尺终于被掰直，他的怨气也随之一扫而空。

当他毕恭毕敬将钢尺还给王林的时候，王林笑着对他说："干得不错，我的钢尺比之前更直了。"

在严厉地训斥员工之后，王林马上进行了补救。这种处理不仅让员工知道自己的批评只是就事论事，还向员工表达了"虽然自己批评了他，但依然欣赏他"的态度。严利由此转忧为喜，不仅重新振作，还变得更加积极向上，最终成为王林的得力干将。

作为领导，在管理的过程中，难免会批评员工，甚至发火动怒。一味地批评，很多时候并不能很好地解决问题，因为员工也是有情绪和脾气的。如果员工对管理者心生反感，有一肚子意见和牢骚，管理的成效必然大打折扣。所以，作为领导，批评之后务必及时做好安抚工作，促进上下级之间关系的和谐。如果员工总能心情愉悦地接受任务，尽心竭力地完成任务，管理效果必然会显著提升。

那么，批评之后要如何做好安抚工作呢？

观察反应，及时安抚

从心理学的角度来说，任何一个人被批评后，都会产生某种反应。做好管控批评的工作，就要及时对被批评的员工的心理和言行加以观察，从而给予一定的情绪和情感的安抚。

员工在被批评后，一般都会觉得自尊心受损，渴望得到别人的理解和尊重。这个时候，如果管理者不仅没有及时安抚，还有意疏远和回避，甚至表现出厌恶或排斥，那么员工很可能消极怠工，甚至一蹶不振。因此，管理者要注意照顾被批评者的情绪，不带任何成见且真诚地从各个方面关心他、信任他，给他改正错误的机会，让员工感觉自己没有被放弃的同时，认识到自身的错误，从而更有动力地做好自己的工作。比如，可以主动找对方谈心，甚至登门拜访，真诚地向对方解释批评的原因，甚至道歉，让对方觉得自己是被领导尊重的。

注重方法，强化效果

批评后做好安抚工作，并不是无原则地解释和调解，而是既要坚持正确的批评，又要化解误会，同时还要找机会表扬员工。

对员工做错的事情要批评指正，但对于员工这个人要客观评价，不能因为一次错误就否定一个人。对于员工的优点或表现好的一面要及时给予肯定，并表达期待，这样既能帮助员工在被批评后恢复信心，又能强化“对事不对人”的正面效果。

批评是为了指出问题，并期待对方改正。如果只是指出问题，或者仅仅是个人情绪的宣泄，并不能让其改正且警醒其他人避免出现类似的问题，那么这种批评无疑是失败的。批评后的安抚工作，正是作为一种追踪和反馈，确保能够达到批评的最终目的。

既要敢罚，还要敢奖

很多企业领导过于强调业绩，其手段通常只有一个字——“罚”。员工没完成业绩或犯了错，就扣绩效，甚至工作不出色、不合领导心意都会被扣绩效。即使员工表现特别好，是否对其夸奖和奖励也要看领导心情。

这种只罚不奖的方式，只会让员工感到不公平。作为管理者，要清楚“罚”只是一种管理手段，最终的目的是让员工有一个良好的工作习惯和工作状态，从而让他们发挥最大的价值和潜能。

只罚不奖很容易让员工带着负面情绪工作，长此以往，容易形成一种局面，那就是：先进员工不再努力进取，后进员工也没有任何改进的压力。这将严重影响企业的考核机制及工作效率，也很难留住人才。因此，真正好的管理者，敢罚，更要敢奖。

大企业敢罚更敢奖，中小型企业就算不能发放和大企业一样的奖金，也应该做到有奖有罚。

有一位管理学家曾提出一条理论：“我的经营理论是要让每个人都感觉到自己的贡献，这种贡献看得见、摸得着，还能数得清。”很多时候，企业能否吸引并留住人才，在很大程度上取决于企业能否为人才提供优厚的待遇，以及有效的奖励机制。“又想马儿跑，又想马儿不吃草”是竭泽而渔的做法，是对人才资源的掠夺性开发，无法实现可持续发展。

《战国策·燕策》中就讲过一个“千金买马骨”的故事。

古时候有位国君，想花重金购买一匹千里马，苦寻三年仍然一无所获。有个侍从听说某地有一匹千里马，便主动请缨为其解忧。国君很高兴，让他带着钱快去快回。

结果侍从到处寻访，花了整整三个月才找到地方。等他到的时候，千里马已经死了。侍从考虑再三，最终决定花五百金买下死马的尸骨回去交差。

国君大怒：“我要的是能日行千里的活马，你怎么能用五百金给我买回一副马的尸骨？”侍从不慌不忙地回答道：“大王先不要生气，千里马难求，没有十足的诚意是很难买到的。如今大王连马骨都愿意花五百金购买，更何况是活马呢？大王您渴求千里马的诚意很快便会传遍天下，到时候，必定会有精壮的千里马主动送上门来。”果然，不久后，真有人送来了三匹千里马。

燕昭王想要招贤纳士，谋士郭隗便给他讲了上面的故事，还说自己就如同这“马骨”，大王如果连自己这样才疏学浅的人都能重用，那天下有才能的人肯定争相前来投奔。用重金招揽和留住人才，往往是最基本也是最重要的一种手段，虽然物质奖励并不是激励人才的唯一手段，却是彰显诚意、表达认可的最有效方式。

那么，对于中小型企业管理者，如何才能达到奖励到位、奖出好效果呢？

奖励要及时

员工做出了成绩，马上给予奖励是要让员工明白，领导一直在关注他的工作，并且认可他的付出，这样员工就会更加积极地投入到工作中，取得更好的成绩。

奖励原因要明确

要让获奖员工明白，为什么能得奖，以及怎样才能继续得奖，同时也让其他员工明白，这样可以激励他们更加努力地工作，从而实现奖励效果的最大化。

奖励要多样化

设置大奖的同时，也要多设置一些其他奖项，实现奖励对象的广泛性；设置“最佳员工奖”的同时，为了避免一些人泄气，还可以设置“进步奖”“新人奖”等；设置定期奖励的同时，还可以设置不定期奖励，因为定期奖励的作用和持续性有限。不定期的奖励不仅能增强惊喜感，还会让人们为了得奖而持续努力。

人性永远渴望奖励和认可，及时的奖励能激发员工内在的潜能，从而发挥不可估量的作用。对于管理者和领导者而言，“广开财路”的关键在于“广开才路”，只有让那些有能力、有经验、有创新精神的人被吸引过来，又因为奖励机制而留下来，才是企业长久发展的良计。正如一位投行总经理所说，“世界上最不值钱的就是金子，最值钱的是未来和机会”。有了人才，才有机会和未来，才会赚更多的钱。

为什么说好领导就是好演员

在管理过程中，“唱红脸”和“唱白脸”也是一门学问。“唱红脸”指的是给予关怀，如认可、赞扬、奖赏、提拔等；而“唱白脸”则是指展现强势，如批评、斥责、处罚、严苛等。若是一味地“唱红脸”，则显不出领导力，难以服众；若是一味地“唱白脸”，又会失去彼此间的情谊，难以维系人心。

前秦皇帝苻坚便是一味“唱红脸”的典型代表。苻坚秉承“怀柔政策”，不仅对投降和俘虏的鲜卑、羌族等贵族加官晋爵，还让他们带兵打仗。结果，苻坚刚在淝水一战中失利，这些异族降将及其后裔纷纷反水，前秦帝国从此一蹶不振，苻坚本人更是遭曾被其任命为龙骧将军的羌人姚苌杀害。

陈寿在《三国志》中说道：“赏善罚恶，恩威并行。”一味地“唱红脸”肯定是不行的，一味地“唱白脸”同样危险。身为企业管理者，要懂得恩威并济，既能“唱红脸”，又能“唱白脸”。

职场中，我们经常能听到管理者抱怨：“我对他们那么好，他们还不知好歹，得寸进尺，甚至背弃我，跑到竞争对手那里，真没良心！”我们也经常能听到员工私下抱怨：“某某领导整天就知道黑个脸，动不动就骂人、罚款，讨厌死了，有机会我立马跳槽！”

为什么管理者对员工给予好处，员工却不知道感激呢？为什么管理者对员工的错处严加指正，员工不仅不会吸取教训，还会产生负面情绪呢？这是因为，一味地给予，员工很可能觉得管理者心慈面软；一味地强势，又很容易激起员工的反抗心理，认为管理者不近人情。

那么，到底什么时候“唱红脸”，什么时候“唱白脸”？具体该如何做呢？

名校毕业的王鑫和多年的骨干员工李德，因为新产品的细节问题争吵起来，双方谁也不肯退让一步。刚开始还只是技术层面的激烈探讨，王鑫是理论派，李德则是经验派，可随着言辞上的针锋相对，场面一发不可收拾……主管连忙分别找他们俩谈话。

主管把王鑫叫进办公室，严厉批评道：“老李是老前辈了，你懂不懂得尊重人？”见王鑫不吭声，主管缓了缓语气道：“你有什么不满，可以和我说，何苦要跟老李吵？你是公司的高才生，专业知识丰富，我是准备重点培养你的，也想提拔你，但你毕竟来公司不久，需要学习的东西还很多。你还年轻，前途无量，我很看好你，加油干，我不会让你吃亏的。”王鑫听完主管的话，重新充满干劲。

紧接着，主管又把李德叫进办公室，先是批评道：“这么多年的老人了，什么风雨没见过，现在还能因为这点事吵成这样？”见李德仍旧愤懑，主管温言道：“咱们认识都十多年了，全公司上下我最信得过的就是你。我知道你能力强、经验丰富，可研发新产品光靠我们是不够的，我们需要吸纳新人。如果我用一个新人，你就跟他闹矛盾，情理上我肯定会帮着你，但以后谁还敢加入团队啊？我们公司还怎么发展啊？”李德这才一扫先前的愤懑。

只“唱红脸”不“唱白脸”，别人会觉得你太软弱，没有实在的管理能力；只“唱白脸”不“唱红脸”，别人又会说你没有人情味。身为管理者，既要能“唱红脸”，又要能“唱白脸”。

“唱红脸”

当员工犯一些非原则性错误时，管理者可以“唱红脸”，先表达安慰和理解，再教其正确的方法，提醒以后避免出现同样的错误，最后表达鼓励和期待。对于无足轻重的小事，管理者要懂得宽容，点到为止。

“唱白脸”

当员工犯了原则性错误时，管理者不仅要唱好红脸，更要“唱白脸”，该批评批评，该处罚处罚，规范员工行为，绝不姑息。管理者在“唱白脸”时，可以直戳要害，增强说服力，坚定对方成事的决心；也可以采用相对委婉的方式，明确指出客观的问题，间接激发对方的斗志，让其做出改变。

“红脸”需要“白脸”配，“白脸”需要“红脸”圆。优秀的管理者要学会唱好红白脸，懂得恩威并济。

第3章

知人善任，把人放在合适的位置

什么样的人才最稀缺

一位报业大亨说过：人才没有标准，新闻集团的高层并不一定都需要具备博士学历，只要你有能力，为集团发展做出了贡献，集团不会亏待任何一个在这里发展的人才。其实不仅传媒行业没有硬性的学历标准，很多行业选拔人才最重要的标准也是干事的能力，而不是学历。

一名高才生应聘人力资源顾问一职，提出“月薪不能低于1万元”的诉求，面试官便问他：“如果公司老板让采购经理去指定的供货商那里购买材料，而这个供货商是老板的亲戚，提供的材料价格又高，质量还不好。采购经理每次买回来都会因为材料性价比太低而被老板责骂，但是不去指定对象那里买又不行。请问，如果你是人力资源顾问，你会如何与老板协商这个问题？”

高才生半天回答不上来，居然随口说了句：“这个问题，书上没教过……”

读书并不是解决实际问题的唯一途径，实际的工作能力才是关键。选择人才，不能只关注学历，否则可能招来只会照本宣科而不会处理实际问题的“书呆子”。

张岩失业后在网上到处投简历，大专学历的他四处碰壁，好在他的履历比较丰富，也有一些猎头找到他，给他一些去大公司的机会。张岩经过几次面试后，发现这些所谓的大公司很多只是名字响亮，实际给的待遇非常低。

在一次机缘巧合下，张岩通过猎头给一家业内颇有名气的集团投去了简历。直到一周后，集团人力资源才回复王岩，说他的学历不符合公司要求。一再受挫的张岩顿时有点恼火，直接对人力资源说:“你们到底看中学历还是能力？如果我有能力一年给公司带来1个亿的营业额你们要不要？”

随后张岩将自己的过往履历和业绩通通说了一遍，人力资源当即被张岩的气势和业绩打动，两人聊了半个多小时后，人力资源表示需要跟领导汇报一下。一周后，张岩顺利进入这家业内顶尖的大集团工作。

所谓的人才便是：我把一件事交给你，做成了；我再把一件事交给你，又做成了。只要能把我交给你的事情做成，就是最有用的人才。张岩的案例告诉我们，得到一个会干实事的人才，对于一个企业的发展多么重要。

作为管理者，学历只是一定的人才考量标准，最重要的还是员工的工作能力。

在微软，员工的晋升和涨薪完全取决于他的个人业绩，而不是论资排辈，副总裁的工资可能低于一名软件工程师。这种以能力和成绩来决定薪资的用人制度，在激励员工方面起到了很大作用。

一个人的学历固然重要，但如果学历与他的工作能力不匹配，这种学历优势便会弱化很多。学历，即求学的经历，只代表一个人接受过某种教育，可能在某专业的理论方面略有优势，并不代表他一定能为团队带来更多收益和帮助。而能力却是一种社会生存的实力、与人交往的才能和会干事的本领。因此，员工会干实事才是企业发展的硬道理，而真正会干事、能干好事，才是企业选拔人才的主要标准。

那么，作为企业管理者，除了关注学历，还应该关注哪些方面的能力呢？

关注专业技能

胜任力是指胜任岗位工作所需要的基本专业能力。专业技能是工作能力的基本标准，有了扎实的专业基础，才可能进一步提升和拓展。而缺乏专业能力的人，不仅不具备重用价值，还可能成为团队的负担。

关注适应力

适应力指不仅适用于特定工作环境，而且在离开工作环境后仍然可以广泛应用的能力。一个人的适应力，直接体现了他的可塑性和发展前景。这样的人往往能够不断适应环境的变化、不断学习、不断突破，不仅能在工作中有更加出色的表现，还能为个人的职业发展创造更大的舞台。

关注综合能力

综合能力包括人际交往能力、创新思维的能力、解决问题的能力、领导力等内在的综合素养。综合能力高的人往往能够更好地适应和融入企业的文化和价值观，更全面地应对工作中的各种挑战。

不怕员工比你强，就怕员工不如你

一位知名互联网企业家曾说：“领导永远不要跟员工比技能，员工肯定比你强，如果不比你强，说明你请错人了。”身为管理者，你的价值不是业务能力，而是管理人才和统筹协调的能力。对于那些能力比你强的员工，一定要舍得给他们提供展示的舞台，他们的优秀也会为你添彩。

很多管理者会不自觉地和员工比较，总想证明自己是最强的，不希望任何人，尤其是员工，超过自己。这样的管理者，当看到团队中有比自己能力强的员工时，甚至会利用手中职权限制他们的发展。

为何如此？因为这些管理者害怕被员工比下去。这种发自内心的危机感，导致他们不仅不敢大胆用人，甚至总喜欢招揽那些能力不如自己的人。这种做法最终会导致团队综合水平持续下降，企业越做越差。

面对能力比自己强的员工，管理者舍不得给员工提供广阔的舞台，其实这是一种弱者的思维方式。在他们的潜意识里，希望员工变成温顺听话的弱者，这样才能更好地控制。

某集团的一名M4级别（M级在企业中通常代表管理层，一般由低到高是从M1到M10。）的总监，在招聘时挖到一位人才，不仅给他足够的发展空间，还花尽心思培养他。最终这位人才也不负所望，一路稳步晋升。年终，集团在考核时发现，这位人才居然已经升到了M5，比提拔他的总监级别还高！

后来，公司内部为了表彰M4总监的眼光和格局，决定对其进行破格晋升，总监直接从M4升到M6，成就了集团史上的一段佳话。

很多公司发展不起来，正是由于它的组织架构是个“宝塔”。领导要站在塔尖，成为公司的上限，员工都不能超过他，这样的公司何谈长远发展？

楚汉争霸，起义前只是一个小小亭长的刘邦，却可以打败出身名门、骁勇善战的西楚霸王项羽，主要在于刘邦知人善任，能驾驭能力比自己强的部下。正如刘邦所言：“运筹帷幄之中，决胜千里之外，吾不如子房；镇国家，抚百姓，给饷馈，不绝粮道，吾不如萧何；连百万之众，战必胜，攻必克，吾不如韩信。三人者皆人杰，吾能用之，此吾所以取天下者也。项羽有一范增而不能用，此所以为我擒也。”

高明的管理者往往懂得选择能力足够强的人来为自己工作。管理者需要懂得用人之长。企业重用人才最重要的标准就是尊重、理解和信任，只有大胆地将权力和责任一并交给员工，给他们充分展示的舞台，才能提升他们的工作热情，为企业创造更大的价值。

管理比自己能力强的员工，最重要的是知人善任，将好钢用在刀刃上，那么具体该如何做呢？

提供支持

面对能力强的员工，我们通常不需要担心他们能不能完成任务，而是该思考我们可以提供哪些支持。比如，他们是否需要与内部人员进行沟通，是否需要获得外部渠道的支持，是否需要进一步系统、全面地理解公司的战略意图等。我们可以多与其进行交流，问问“你想让我做些什么”，或者“我能为你提供什么支持”，这样一来，不仅可以帮助他们更好地完成任务，也能建立起彼此之间的信任关系。

大胆授权

面对能力强的员工，在他们专精、擅长的方面，我们应该大胆授权、充分信任。“用人不疑”，在沟通清楚需要达成的目标之后，对于具体的执行过程和细节，无须过分干涉，除非是事先协商好的底线问题，需要再次征得我们的同意，其余的只需要让他们定期汇报即可，应该让他们在职权范围内尽情发挥才能和智慧。

提取经验

个别员工的优秀和突出贡献，并不代表我们的管理能力强，我们也不能用个别员工的出色表现来掩盖团队管理能力不足的问题。正如某企业家所说，“企业最大的浪费就是经验的浪费”。因此，我们不妨提取优秀员工的有用经验，并在整个团队推广，从而提升团队的整体实力。

在企业管理中，如何管理比自己能力更强的员工是一项非常重要的管理技能，这与管理者自身的能力和个性特点有直接关系。管理者只有舍得给员工提供充分表演的舞台，才能有效地激发员工的能力，调动员工的积极性和团队的协作性，从而顺利完成目标。

有才无德是劣马，有才有德是良驹

管理者在组建团队和发展团队的过程中，往往会遇到这样的问题：有些员工能力虽强，德行却很差劲，这样的员工到底能不能用？

某大型集团开创者说过："'精英'从来都不是我们的首选，我们要选的是对公司的价值观有认同感的人。对于那些业绩很好、价值观很差、不讲团队精神和服务质量的人，我们处理起来不能留情面。"

有人反映集团的一名员工在和客户接触的时候，向客户承诺回扣。这种事在集团是触碰了禁忌，集团老总当即下令彻查此事，最后发现是一名业务员为了保住自己销售冠军的地位而动的歪脑筋。

调查结果让该业务员的主管犯了难。因为这名业务员一直表现出色，几乎每个月都是销售冠军，可以说是部门的最强新人，如果仅因为一次失误就将其扫地出门，未免有些可惜。结果老总却丝毫没留情面，事件调查清楚的当天，就给该员工办好了离职手续。

什么是有才无德？有才无德之人，在大是大非面前模糊不清，其本质是“精致的利己主义”。有才无德的人是指那些能在团队中出色地完成业绩，但又不断破坏团队价值观的人。

职场中，“无德”的标准一般有以下几条：不安心工作，骑驴找马；过度关注与工作无关的信息，行为动机存疑；在工作汇报时信息不实，传播未经证实的消息；表面一套、背后一套，私下做出不利于团队协作的行为 。达到这些标准的人，哪怕才华再出众，也坚决不能用。因为这种人会对团队造成巨大伤害。有才固然能够给团队带来帮助，但是有才无德带来的负面影响往往更大，甚至会影响整个企业的发展。

从古至今，管理者对于人才的德行方面一直非常重视。宋代的《二程集》有云：“其身不正，而能治国者，无之。”意思是说，德行不正而能治理好国家的人是不存在的。儒家思想认为：“取仕之道，当以德为先，其次经术，其次政事，其次艺能。”上到治理国家，下到管理企业，德行往往是人才选拔的最重要的标准。

某公司老板在确定候选人时，曾考虑过两个人：一个是才能出众、劳苦功高的得力干将，另一个则是能力上并不起眼，但是颇具声望，深得员工信赖的人。

老板最终选择了具备领导力的有“德”之人，对于另一位有“才”之人，则是在股份、金钱上予以优待，以表彰其功劳。

有才无德者，不仅用之无益，而且有害。重才轻德，也容易造成用人失误，而且这个人才能越大，造成的破坏性影响越大。而且，有才无德的人往往善于伪装，表面上谦恭有礼，实则一旦目的达成，便可能露出真实面目，到时候悔之晚矣。

俗话说："有德有才能成事，有德无才能误事，有才无德能坏事。"那么，对于企业而言，具体该如何选用人才呢？

有德有才要重用

一个有道德又有能力的人，往往是不可多得的人才，如果遇到应当予以重任，以免人才流失。

无德无才要弃用

不仅没有能力，人品还堪忧，相信没有哪个企业愿意录用。这样的人，对于企业而言，是彻头彻尾的寄生虫。

有德无才要慎用

一个有道德但缺乏才华和能力的人，可以选择性使用。因为缺少的才能可以通过后天培养获得，也可以通过逐步积累来改善，还可以靠勤奋和努力来弥补。而德行的培养往往不容易，受很多因素的长期影响，如从小的家庭教育、所处的生存环境，以及个人的天性等，忠厚纯良的品德往往是无可替代的。

有才无德坚决不能用

这样的人对企业来说是非常危险的，因为他们会为了自己的利益，做出损害企业利益的事情，而且给多大的权力就可能犯多大的过错，即使"小用"，也可能如溃堤之蚁穴，所以同样坚决不能用。

大胆使用“怪才”，收获惊喜

几乎每个企业都会有几个显眼的“怪才”，他们与其他人格格不入，甚至难以相处。若大胆使用，往往能收到意想不到的惊喜效果。

《三国演义》中的庞统便是这样一个“怪才”。庞统才华出众，坊间有传言：“卧龙凤雏，得一者可得天下。”然而“凤雏”庞统不仅长相怪异，行为举止也与旁人大不相同。

刘备见庞统不仅面貌丑陋，还举止傲慢，于是只给了庞统一个不起眼的小官。庞统被安排去耒阳当县令，觉得是大材小用，便终日喝酒睡觉，不理政务。刘备知道后大怒，便派张飞去检查工作，谁知庞统竟在张飞到达后的半天之内便处理完积压了百余日的公务，而且处理得井井有条、曲直分明。刘备这才发现庞统确有大才，立即提拔庞统为副军师。

什么是“怪才”？“怪才”一般指那些某项或多项能力强到正常人无法

企及的程度的人。纵观古今中外的“怪才”，我们就会发现，这些个性突出而又才学满腹的人，思想都比较活跃，而且敢于打破常规，发表不同的意见。比如，晚清时期的左宗棠，个性刚直，说话经常得罪人，但他凭借卓越的政治、军事才能，一举收复新疆，被同僚视为有胆有识的“怪才”。国外有名的“怪才”有牛顿、爱因斯坦、尼古拉·特斯拉等，他们甚至对人类的历史发展进程都产生了巨大影响。

其实“怪才”之所以“怪”，大都是内在的“天赋异禀”造成的。这种天赋使得他们行事不守常规，进而让人觉得“怪”。“怪才”之所以有才，也是因为他们的思维方式与常人不同，能想到别人想不到的，做事自然更容易打破常规，取得不俗的成绩。

某公司的计算机产品起初在市场上落后于人，只有尽早拿出新产品才可能后来居上。按照正常流程，科研部研发新产品至少要两年时间，但到那时早已完全丧失市场竞争优势。

于是该公司在内部公开招聘选中了三位“怪才”，课题、经费、设备、人员都由他们自主决定。不少人对此大为不满，认为他们自命清高，非常不合群，而且点子太多，总是异想天开，这么大的项目不应该直接交给他们负责。然而，半年之后，该公司的微型计算机便出现在了商店的橱窗里，以其超高的性价比，迅速占领市场。

随着现代企业经营压力的增大，越来越多的企业将人才竞争的着力点放在了“怪才”上。“怪才”不仅有异于常人的天赋，提出的想法富有创造力和前瞻性，而且他们对自己的想法往往很执着，很多时候这正是成功的关键。

一个团队需要各式各样的人才，一个企业想要创新发展，就要大胆使用

“怪才”。因为企业总需要不同的声音和意见，如果上下意见一致，往往很难有创新。身为管理者，要坚决鼓励和挖掘有发展潜力的“怪才”，搭建良好的展示平台，充分使用他们的聪明才智。

用好“怪才”能有效激发企业活力、赢得市场竞争，具体该怎么做呢？

要有肚量

“怪才”对问题一般都有自己独到看法，因此显得个性怪异。有的吹毛求疵，有的脾气古怪，还有的深沉内向，让人捉摸不透……因此，对于管理者来说，任用“怪才”必须有包容的胸怀，要有求贤若渴的态度。尊重“怪才”的“怪”，才能用好“怪才”的“才”。

要有眼光

“怪才”也是人才，而且是一种不容易被人理解的特殊人才。用好“怪才”，还要具备一定的眼光。管理者首先要正确认识“怪才”，了解“怪才”的“怪”，挖掘他们身上的闪光点。然后寻找“怪”的价值，尤其是那些罕见的、独有的价值。接着开发“怪才”的使用之道，规避风险，将其放在合适的位置上，遵循其发展规律，最后加以引导和利用。

“怪才”之所以不好管、不好用，是因为管理者没有根据具体问题进行具体分析。优秀的管理者，不但善于发现“怪才”，还会给予“怪才”正确的引导和培养，帮助他们学会更好地适应团队协作，根据他们不同的特点，善用他们的特殊才能。

总之，作为管理者，要留意企业里的“怪才”，尊重他们的“怪”，相信他们的创造力，大胆使用他们的“才”，让他们可以发展为企业的得力干将，从而创造出意想不到的效果。

用人要疑，疑人也要用

什么是“用人要疑，疑人也要用”？比如年初给员工设定了目标，要求年末必须完成某项任务，到了年终，你需要检查一下进度，这不是不信任，而是有效跟进工作进度，这便是“用人要疑”。如果对方的进度不尽如人意，向你说明了过程、解释了原因，虽然你仍心存疑虑，但还是要让他继续干下去，以观后效，这就是“疑人也要用”。

疑人为什么要用？因为你的“疑”，很可能带有个人主观偏见和误解，未必客观和准确。如果疑人不用，不仅会错失有用之人，还可能导致无人能用。管理企业要以追求效益为第一目的，疑人不用只会扼杀企业发展的机遇。

> 楚汉相争时，刘邦虽疑心韩信的忠诚，但仍能从大局出发，重用韩信，最终赢得了一场场战役，成就了宏图霸业。
>
> 唐朝的魏徵，原本是太子李建成的人，曾不止一次规劝太子将李世民的兵权夺过来，甚至还建议早点除掉李世民。而唐太宗李世

民却大胆起用魏徵，最终成就了贞观年间政治清明、经济复苏、文化繁荣的治世局面，史称“贞观之治”。

疑人要用，其实是一种广纳贤士的态度，反映的是用求实的、动态的观点看待人才，体现了选拔人才时的一种负责任态度，也是管理者保护人才、爱惜人才的智慧体现。“金无足赤，人无完人”，选拔人才时不能只盯着一个人的短板而忽视其优点，只要无大错、无原则性错误，便都是可用之人。

王总公司的经理马有才是个不可多得的人才，博士学历，在公司工作了十年，长期负责技术研发和各项管理。王总为了留住和鼓励马有才，便给出了年薪百万的待遇，同时将公司日常的经营大权，从销售、研发到人事、财务，一并交给了马有才，自己则到其他地区开拓新市场。

谁知短短两年时间，马有才就把公司干倒闭了，客户的高额欠款收不回来，大量员工离职并起诉公司拖欠工资，银行强行收回千万贷款，王总这才后悔不已。

用人为什么要疑？因为环境会发生变化，人也不是一成不变的，公司需要依靠制度对员工加以约束。即使是再信任的员工，也不能放任自流，而是要像放风筝一样，该放线时放线，该收线时收线。如果用人不疑，很可能导致玩忽职守或尸位素餐的行为无法被及时发现、调整和纠正，企业最终可能因此被拖进深渊。

某大银行分行负责期货交易的员工因工作业绩突出，28 岁就被任命为分行负责人。该员工的总部上司本着用人不疑的原则，赋予了该员工在分行独立操作的权力，结果该员工竟在无人监管的情况下，3 年来一直做假账隐瞒亏损，最后造成重大经济损失。

用人要疑，其实是稳固大局、防微杜渐之举，更多是指在用人过程中，要始终保持理性的用人态度，不盲目相信，这也是对团队、对企业负责任的一种表现。

事实上，如果用人完全不去思辨，相信人可以自我约束，那就不需要管理了。作为管理者，疑人要用，用人也要疑，具体该怎么做呢？

用人要大胆

在对人才的知识、能力、人格、本性、忠诚度还不确定的情况下，本着爱惜人才、保护人才的原则，观察试用；发掘并善用员工的优点，大胆使用无原则性错误的人才，缺点只作为参考。

用人要监管

针对不同部门、不同职位可能出现的问题和风险，制定一系列的规章制度和管理措施，以规范和监督员工；让员工定期进行工作汇报，并对其成效予以考核；抓大放小，在“放”和“管”中找到平衡点，充分运用企业的激励机制和监管机制。

企业在用人问题上，本身就是一种“风险投资”，只有做到“疑人要用，用人也要疑”，才能营造广纳人才的良好氛围，在这样的氛围中才能保护人才，激发热情和忠诚，做到人尽其才。

第4章

赢得人心，让员工甘愿跟随

领导越信任，员工越卖力

“因为信任，所以简单！”这也是阿里巴巴公布的“六脉神剑”价值观中的一条。

职场人或许会有这样的感受：当上司怀疑你的能力或人品时，往往会情绪低落、郁闷、生气、烦躁；而当你被肯定、被信任时，往往会生出一种力量感。所以，作为管理者，给员工安排工作不要抱着怀疑的态度。

一位将军在一场战役中大败敌军，俘获了很多士兵。当时天下未定，正是用兵之际，这位将军便想从战俘里挑选五百名骁勇善战的士兵，扩充自己的部队。

有一天晚上，将军下令用这批俘虏替换原有的护卫，让他们担任守夜人的职务。安排完，将军就安心地上床睡觉去了。

果然一夜无事，天亮以后，俘虏们纷纷感激涕零，说：“将军不仅让我们活命，还像对待心腹一样对待我们，我们怎能不尽心回报呢？”从此，这批人誓死追随将军。

一个企业管理者在谈及管理之道时说："最成功的管理是让人乐于奋博而无怨无悔，实现这一切靠的就是信任。""士为知己者死"，展现的就是信任的力量。信任员工、尊重员工，可以给员工巨大的精神鼓舞，激发他们的事业心和责任感。只有上级信任下级，下级才会信任上级，并产生一种向心力和凝聚力，继而更好地开展工作。如果管理者不信任员工，不尊重员工，不仅会形成一种离心力，打击员工工作的积极性，还容易引发反对情绪和矛盾冲突。

不信任员工，还会让管理者自身越来越忙。管理者如果对员工不够信任，对员工的工作不放心，就会三番五次地进行检查；或者不信任那些比自己职位低的人，觉得他们不够聪明所以做不出正确决策；或者怀疑他们和自己的目标不一致等。这些最终只会让管理者变得越来越忙乱，也会让员工变得越来越平庸。

战国时期，秦武王任命甘茂为主将，令其率兵前去攻打韩国。出发前，甘茂对秦王说："韩国的宜阳是一座大城，与我们秦国相距甚远，行军途中会有各种艰难险阻，攻打起来恐怕不容易，耗费的时间也会很长。从前，有个和孔子的弟子曾参同名的人杀了人，以讹传讹，传到曾母那里，起先曾母也不信，但是听到第三个人也这么说时就信了。我的人品不如曾参，大王对我的信任也不如曾母对儿子的信任。我担心出征之后，会有人趁机诽谤我，会诽谤我的人也不止三个。"秦王赶紧拍胸脯保证："我对你完全信任，绝不会听信小人谗言的。"

开战 5 个月，甘茂久攻宜阳不下，樗里子、公孙奭果然开始争相指责甘茂用兵不力。于是秦王给甘茂发诏书要求撤兵。甘茂生气地回复："大王忘了当初的承诺吗？"秦王这才恍然大悟，赶忙继续增兵协助甘茂，助他最终打下宜阳，迫使韩国求和。

作为管理者，最重要的一点就是信任你的员工，尊重他们的个性，欣赏他们的创意。那么，具体该怎么做呢？

懂得放权

既然信任，就要懂得放权，让员工放手去干。正如《孙子兵法·谋攻篇》中所说，"将能而君不御者胜"。管理者在授权之后，就要予以信任，只要不违背基本原则，就不要随意牵制，不能授而生疑，所有事都干预。只要员工有能力完成某项任务，就应该授予他一定的自主权，让其在职权范围内尽情做主。

委以重任

对于一些能力出众或有潜力的员工要委以重任，帮他们顶住压力，让他们有展示的平台，明确他们的职责，让他们既敢于大胆工作，又能忠于职守，还能充分发挥他们的才能。

当然，信任员工并不是放纵员工，而是对员工的一种宽容和理解。身为管理者，要站在客观的立场评价员工的工作。在进行一项工作时，管理者有权去参与，给员工指派某项工作之后，并非不管不顾、不闻不问，而是要在适当的时候监管任务进度或发现工作中出现的问题，还要在关键节点及风险点上建立监督机制，防止员工偏离正轨。

相信"相信的力量"，告诉你的员工：这件事我很看好你，放心大胆地去干吧！一句信任的话，一个鼓励的眼神，往往能赢得员工的心。

赞美员工可提高工作效率

每个人都渴望得到他人的肯定和认可，尤其是在付出劳动和热情后，往往会期待他人的赞美。因此，作为管理者，要学会经常赞美员工，让员工感受到认可，并从赞美中找到自信。

荀彧前去投靠曹操，曹操与荀彧一番详谈后，曹操大呼“此吾之子房也”，夸赞荀彧可以和“运筹帷幄之中，决胜千里之外”的张良比肩；

郭嘉前去投靠曹操，曹操和郭嘉聊完后，拉着郭嘉的手，大喜过望：“使孤成大业者，必此人也！”

徐晃治军严格，襄樊一战得胜后，曹操巡营时发现，大部分部队的军纪都有些涣散，唯独徐晃的部队军纪严整，曹操大为赞赏，当即大夸：“徐将军可谓有周亚夫之风矣！”

张辽奉命镇守合肥，孙权亲率大军，企图一举拿下这座战略要地。面对十几倍于己的敌军，张辽毫不畏惧，精心策划了一场突袭，差点活捉孙权！曹操当即大夸张辽："此亦古之召虎也。"

张绣降而复叛，偷袭曹操部众，归降曹操的部分青州兵趁乱打家劫舍，于禁了解完情况后带兵整治了青州兵，结果青州兵去曹操那里诬告于禁要造反。于禁也不着急解释，做好防御工事后，才去找曹操汇报。曹操听了不仅没怪于禁，反而把他夸上了天："淯水之难，吾其急也，将军在乱能整，讨暴坚垒，有不可动之节，虽古名将，何以加之！"

一代枭雄曹操善用夸赞的方式激励部下，在成就霸业的进程中发挥了关键性作用。

比起用"罚款"或"辞退"的方式强迫员工，不如用赞美的方式激励员工，赢得员工的心。

人们听到赞赏或钦佩自己的话语时，哪怕明知是应酬的话，也会心生愉悦。而对于那些负面的批评，即使知道并非恶意或者部分符合事实，也会忍不住心生不悦。

作为管理者，不吝啬对员工的赞美，往往能轻而易举地凝聚人心。

赞美会让员工认识到自己在团队中的地位和价值。身为员工，往往很在乎自己在上司心目中的形象，对于上司的看法和评价相对敏感。管理者的赞美还具有一定的权威性，往往能够满足员工所需的价值感，是确立员工在团队中地位的重要依据。

赞美是员工的精神动力。做着一样的工作，领着差不多的工资，有的人表现优秀，有的人消极怠工。管理者如果能对表现优秀的员工不吝赞美，就会让他们觉得努力没有白费，感到被认可和被重视，从而更加努力地工作。

赞美还能消除隔阂。工作中，身为员工难免有被忽视的时候，时间长了，就会产生疑虑："领导怎么从不表扬我，是对我有意见还是不在乎我的成就？"也许就会产生隔阂。这个时候，管理者的赞美不仅是对员工的认可和赏识，还会让员工感受到关注和关心，有利于团队上下一心。

身为管理者，具体该如何赞美员工呢？

赞美要真诚

不要使用诸如"年轻有为""前途无量"等虚浮的辞藻，不如简单一点、真诚一点、热情一点，说："这个意见非常好，就照你说的做吧！""真有你的，你给我提供了一个非常不错的办法！"等等，从而增强员工的自豪感，调动其工作的积极性。

赞美要具体

赞美员工时，与其说"很能干"，不如说某件具体的事办得很漂亮；与其夸"经验丰富"，不如说某个具体事件中他的建议对解决问题起到了什么作用等。这样才能夸到其心坎上。

赞美要切合实际

随口称赞员工能力超群，反而会让员工觉得领导虚伪。赞美员工要符合实际，既达到良好沟通的目的，又不违背客观事实，使得赞美更具说服力和针对性。

一位国外500强企业的首席执行官（CEO）说过："人们期盼赞美，就像在沙漠中期盼甘露一样。认可和赞美比金钱更为人们所需。"人都喜欢听赞美的话，管理者不要吝啬对员工的赞美，因为赞美不需要冒什么风险，也没什么成本，却能有效地激励员工。

细微的关爱，可换来心甘情愿的追随

作为优秀的管理者，不仅仅需要职责上的监督和管理，更需要关爱和指导员工。管理者越是关心员工、爱护员工，员工越会怀有感恩之心，更努力地为企业效力。

很多管理者认为，只要把员工招进公司，直接给他下达任务，然后验收成果、发放工资就可以了，其他的无须关心。其实不然，人不是机器，除物质需求外，还有情感需求，有时候情感需求甚至超过了物质需求。身为管理者需要看到员工这些诉求，只有对员工关爱有加，才能激发员工更多的积极性，让员工发自肺腑地认可管理者。

战国名将吴起是爱兵的楷模。吴起虽贵为大将军，衣食住行却与最低等兵丁统一标准，行军打仗从不搞特殊化，而且对士兵关爱有加。据史书记载，有个士兵伤口长了脓疮，吴起看到后甚至亲自为其吸出脓血。这种对部下深切的关爱，自然值得士兵们誓死追随。

吴起带兵27年，在魏国为将期间，指挥大小战役76次，除12次战平外，其余均大获全胜，书写了古今中外少有的战场传奇，吴起也因此被称为“战神”。

《孙子兵法》中说：“视卒如婴儿，故可与之赴深溪；视卒如爱子，故可与之俱死。”这便是说将帅关爱士兵的重要性，这种关爱往往能起到以少胜多、以弱胜强的作用。企业管理如同行军打仗一样，领导者对员工的关爱之举，其意义往往会超出物质奖赏。

一位日本知名企业的高管认为：“真正的领导者应该能心怀爱情与员工交往。”这里的“爱情”，就是体贴关爱、利他之心，是用自我牺牲打动员工，用自身的魅力“迷住”员工，从而让员工发自内心地爱戴管理者。

作为优秀的管理者，需要多点人情味，而不是整天摆出一张扑克脸，事事总拿规则来约束员工，这样只会让员工觉得厌烦，甚至产生跳槽的想法。员工需要关心和鼓励，多一点关心往往能多一份团结。

在职场中，管理者对员工的关心也很有激励作用。在管理过程中，公事公办很重要，人情味更重要。

那么，管理者该如何做到对员工关爱有加呢？

关心员工的工作

多花时间接触员工，尊重员工的劳动成果和主观能动性，多倾听员工的意见和建议，并给予建设性反馈；及时解决员工工作中遇到的问题，分享自己的成功经验，鼓励员工勇敢面对工作中的困难和挑战。另外，还要关心员工的薪酬，保证他们的工资和能力贡献相一致。

关心员工的职业发展

给予员工晋升的空间和荣誉的激励，帮助他们做好职业规划，让他们相信在这家公司会有很好的职业发展。另外，还要关心他们的能力提升，鼓励他们参加培训，给予不断学习或外出考察的机会，帮助他们拓宽视野，让他们知道自己还有更大的发展空间。

关心员工的生活

适当关心员工的日常生活及需求，在力所能及的范围内给予帮助和支持。比如，帮助他们解决住房远近的问题、孩子上学的问题、老人生病住院的问题，甚至为单身的员工介绍另一半等。总之，要让员工感受到情感层面的关怀，感受到公司的人情味。

关爱员工一定要真诚，要有耐心，不能只是动动嘴皮子，不走心地说两句就敷衍了事。身为管理者，只有真正地将自己的关爱落到实处，才能让员工感受到真心，从而更加努力地工作。

员工犯错后，领导该怎样应对

“人非圣贤，孰能无过。”在工作中，员工犯错很正常。对于那些非原则性错误，管理者要懂得宽容和谅解，要给员工改正的机会，这是一种最实用的处理员工犯错的技巧。

职场中，我们总能看见这样的管理者，他们对自己很宽容，对员工却很苛刻。管理者如果上班迟到，会说昨晚加班了情有可原；工作上出现失误，会说难免犯错，下次注意就好。而他们对于员工的态度却截然相反，他们会揪住员工的小错误不放，借题发挥，当众训斥，还称这是采取典型案例让大家引以为戒。

严格管理没有错，但是抓着员工的错误不放，百害而无一利。错误已经发生，揪住不放于事无补，还会制造更多的冲突和损失。事实上，保持宽容，懂得原谅，是管理者应该具备的美德。没有谁愿意为小肚鸡肠且喜欢打击报复的领导者卖力。

战国时期，田稷担任齐国相国，深得齐宣王信任。一天，田稷的一个属下为托他办事，献上黄金百镒。田稷几番推辞后，碍于情面，最终收下了。田稷归家后献给母亲，田母察觉异常，厉声质问："你任相国三年，俸禄从未如此丰厚，这些金子从何而来？"

田稷坦言是属下所赠，田母痛心斥责："君王授你高位，应忠信廉洁。不义之财非我之财，不孝之子非我之子也！"

田稷听后十分羞愧，次日便将黄金悉数退还，并赴宫廷向齐宣王请罪。齐宣王听闻此事后，召见田母当庭褒奖："贤母教子，正国法度。"他对田母家教有方敬佩有加，不仅原谅了田稷的过错，还为了表彰田母的义举，用国库的黄金赏赐了她。

原谅员工的错误，不仅能使其更好地承认错误，真心改过，还能让员工感念你的宽容，从此更加死心塌地团结在你周围。

员工犯错后，内心多忐忑不安、迷茫无措，甚至还会对职业发展感到困惑。这时候，如果领导能够及时出现，原谅他的错误，并帮其分析错误产生的原因，找到纠正错误的方法，支持他重整旗鼓，谋求更大的发展，他肯定会加倍努力地工作。

某集团的一位部门经理在一项工作中判断失误，致使公司损失了几百万元。这是一个重大事故，公司上下都认为这位经理会凶多吉少，经理本人也做好了被辞退的准备。

然而，当他去见总裁主动认错并请辞时，总裁却平静地说："辞退你，这几百万的学费岂不是白交了？"部门经理顿时感激涕零，从此以后，他更加努力地工作，为公司创造了巨大的经济效益。

犯错并不可怕。有些管理者不仅不怕员工犯错，甚至为了让员工更快成长，会鼓励员工试错，在错误中实现成长。

只要员工的过错不是原则性问题，作为管理者没必要小题大做。越是斤斤计较、吹毛求疵，越会让人觉得你难以相处。这个时候，你如果选择原谅员工，给予鼓励，并耐心指导员工，往往更容易收获员工对你的爱戴，对提高工作效率也会大有帮助。

员工犯错后，具体该如何做?

等情绪平复后再谈话

员工刚犯了错，难免情绪激动，你可以等他心情平复以后再去沟通。心平气和地谈话不仅能避免情绪对抗，还能有效地解决问题。

主动为犯错的员工找台阶

员工犯错，肯定是出于一些原因。与其针锋相对，让对方下不来台，不如主动指出犯错的原因，不仅能避免尴尬和正面冲突，还能让员工心怀感激，并反思自己犯错的原因。

肯定员工的工作

员工犯错后，管理者不要一味只顾指责，而要先承认他的工作态度或工作能力，表明自己支持、信任的态度和立场，然后再指出他的错误，这样员工在心理上更容易接受，从而有利于改正错误。

对于员工的错误，容之，则宽其心，去其疑虑；不容，则谨小慎微，不敢进取。身为管理者，要懂得宽容和谅解，这样才能赢得员工的追随和拥戴。

领导若共苦，员工必共情

管理失败的原因各不相同，而成功的管理却有一个共性，那就是管理者能够与员工同甘共苦。事实上，管理者拥有与员工同甘共苦的精神，未必能取得良好的管理效果，但是如果连这种精神都没有，大概率会达不到理想的效果。

在全球经济不景气的大环境下，许多企业都进行了大规模裁员，失业人员随处可见。某公司却顽强生存着，但是随着该国政府实施紧缩的财政政策，加上股市大跌造成的全球性经济危机，该公司的销售额骤减了一半多！

市场不景气造成的库存积压越来越多，唯一的解决办法似乎只有裁员。公司的一位管理者拿着一份拟好的裁员名单去找老总汇报情况。

老总听完后，沉思良久，最后坚定地说道："不能解雇一名员工！即日起生产减半，工厂员工上半天班，工资全额支付。但是，所有员工需要利用假期时间全力销售库存产品。”

得知这一消息，所有人都松了一口气。员工们立刻行动起来，团结一心，为公司的销售出谋划策，出工出力，最终让公司走出了困境。

领导的团队精神深入员工内心，在全体员工的共同努力和拼搏下，公司屡次安全渡过危机。

如果将企业发展比作一场战役，决定战役成败的自然是管理者和员工的共同努力。既然需要所有人的共同努力，管理者就应该和员工做到同甘共苦。

一家公司扩大了经营规模，并搬进了新的办公区。由于刚装修不久，办公室便在员工区放置了一定数量的活性炭。

然而，透过铮亮的玻璃门，可以看到每位高层管理者的办公室都有一台大功率空气净化器，与员工区低效的活性炭吸附方式形成了鲜明对比。

对于管理者来说，与员工“共患难”并不是什么难事，因为当企业陷入困境时，共渡难关往往是唯一的出路。但是危难过后，苦尽甘来，千万不要忘了与员工“共富贵”，切不可自己享受起来就忘记员工当初的付出。

同甘共苦，不仅意味着企业所有成员一起努力走出困境，还意味着管理者懂得与员工分享成功，意味着企业文化中包含真诚、平等和共享的精神。如果连一个空气净化器都做不到共享，员工还有什么理由和动力，期待共享企业发展的成果呢？不能“共富贵”的企业，不仅会流失人才，还会让员工寒心，注定走不了多远。

作为管理者，要想“管”出成效，首先要做的是与员工同甘共苦，具体该怎么做呢?

保证公平待遇

在稳步发展时期，确保员工能够得到公平的待遇及合理的薪酬，关注员工福利，并提供必要的支持和帮助。此外，还要提供必要的培训和学习机会，帮助员工提升职业技能，助力其职业发展。

共同承担责任

在困难时期，与员工并肩作战，共同应对挑战；与员工保持良好沟通，让他们了解公司的目标、面临的困难及正在采取的行动；倾听员工的意见和建议，让他们真正参与进来，共同寻找解决方案，共渡难关。

鼓励团队合作

发扬相互扶持、相互协作的团队精神，营造积极向上的团队氛围。通过举办各种体育活动、团队竞赛，或者组织节日、纪念日庆祝晚会等方式，促进员工之间、员工与管理者之间的交流和合作。

当企业陷入低谷时，要与员工共渡难关；当企业蓬勃发展时，要与员工共享成果。企业只有真诚地把员工当作合作伙伴而不是单纯的雇员，才能赢得团结，共创辉煌未来。

第5章

收益驱动，钱要给，还要给对

价廉才不高，才高价不廉

在现代职场中，绝大部分人工作，不仅是为了实现理想，更是为了获得相应的报酬。

某公司有一个坚持了 20 多年的传统，那就是每年开工，总裁都要准备几千份红包，然后亲手交到每名员工手上。几位股东也会跟着总裁一起，给每个员工发开工红包。

对于管理者而言，要想留住人才，给予合理的报酬就是一种最有效的做法。现实生活中，金钱虽然不是万能的，但没有钱是万万不能的。对于普通人而言，酬劳就是选择一份工作的最主要因素之一。

一位资深管理者将员工离职的因素归纳为："一是薪酬未能达到预期；二是能力未被赏识。"这其实很好理解，薪酬未能达到预期，就是钱没给到位，体现不出自身价值；能力未被赏识，就是觉得自己受委屈了，干得不开心。比如一直得不到加薪，员工就会因为收入低而离职；内部加薪不公平，员工也会离职；没有得到晋升和应有的物质奖赏，员工还会离职……

员工甲月薪五千，年终的时候，领导给他加薪 20%，还发了奖金，甲很开心，感觉自己被重用了。员工乙跟员工甲在同一个部门且职位相同，乙平常很懒散，经常因为业绩不好而被领导约谈。一次员工甲去安慰员工乙，乙无意中抱怨道：“干来干去，一个月才六千，还要被骂，没劲透了！”员工甲竟不知何言以对。半个月后，员工甲决定离开这家公司。

对于员工甲而言，即使给他加薪了，但跟员工乙一对比，报酬仍然与他的付出不符。那么，给多少钱才能体现公平？什么情况下才不会让员工感到委屈呢？

薪酬制度要体现“合理”和“公平”两个核心要素。“合理”指薪酬符合市场水平；“公平”则涉及内部公平和外部公平。内部公平如同工同酬，外部公平如与市场相比。对管理者来说，如何平衡不同岗位之间的薪酬差异，如何处理绩效与薪酬的关系，同时还要考虑薪酬结构的透明度和员工的接受度，建立公平、合理的薪酬体系是企业吸引人才、提升员工满意度和保持竞争力的核心要素。

晚清名臣曾国藩曾说：“轻财足以聚人。”一个成功的领导者，要懂得慷慨地分享利益，以吸引更多的人才加入团队，同时也能留住更多的人才为己所用。汉高祖刘邦每次打胜仗，都会将战利品分发下去，将士都愿意追随他。一个优秀的管理者，不应只给员工“画饼”，给出合理的薪资待遇才能让员工死心塌地。

除了合理的薪酬，福利待遇也很重要。

某企业之所以成为业内的“香饽饽”，是因为它不仅贯彻国内的住房公积金制度，还推出了“住房补贴基金计划”。也有不少企业实施了员工的“住房计划”，并以各种形式为员工提供住房福利。在社会保险方面，很多企业除了提供规定的“五险”，还会为员工购买商业保险，并为员工建立了补充养老保险制度。

很多时候，企业能否吸引人才，在很大程度上取决于是否能为员工提供优厚的福利待遇。

一个著名的手机品牌创始人说过:“钱分好了，管理的一大半问题就解决了。”这家公司正是靠着极具市场吸引力的薪酬引进了高素质人才，利用高薪激励人才艰苦奋斗，才有了今天的发展成果。

正所谓“价廉才不高，才高价不廉”。作为管理者，要想留住人才，给出合理的薪酬很关键。那么，具体该怎么做呢?

保证基本待遇

包括薪资待遇构成、职业晋升通道等核心内容在内的薪酬管理体系要落实到位，这是员工基本待遇的保障。那种“大家好好干，我不会亏待大家的”模糊说法，要尽量避免。

重视其他福利待遇

除工资外，还要有多种薪酬福利激励手段，比如奖金、红包、股权分红等。这样做，既能以即时的回报满足员工需求，又能构建起员工与公司利益共享的长效机制，促使员工出于对自身长远发展的考量，更积极主动地投入工作，为公司的持续进步贡献力量 。

作为管理者，一定要把眼光放长远，不要因为出于短期考虑而对员工吝啬，到头来使员工失去了积极性，损失的将更多。只有让员工的努力得到相应的回报，他们才愿意奋发努力。

当然，在金钱激励的时候，还必须注意以下几点：

第一，必须公正。一个人对他所得的报酬是否满意不光看薪酬数值，还会通过比较，判断自己是否受到了公平对待。如果员工看到业绩没有自己好的人也拿到了相同的奖金，内心就会不平衡，进而影响自己的工作情绪和工作态度。

第二，反对平均主义。平均分配等于无激励。除非员工的奖金是根据个人业绩发放的，否则就算企业支付了奖金，也不会产生良好的激励效果。

第三，避免过度依赖。如果过分依赖金钱激励，有可能导致企业成本不断增加。同时，单纯的金钱奖励，也会削弱员工从完成任务本身所获得的成就感和愉悦感。一旦外界的金钱刺激取消，员工的积极性将大幅降低。

奖励所有人，不如奖励某些人

论功行赏是管理者必须掌握的一种激励手段。既不能有功不赏，让卖力干活、做出成绩的员工寒心，又不能高薪养闲人，纵容不劳而获的员工。

在一些企业里，经常听到这样的声音：“真不公平，明明工作都是我做的，他拿到的工资竟然和我一样多！”“真讨厌，经理表扬我的时候，也表扬了他。我每天兢兢业业，能和一个天天旷工迟到的家伙一样吗？”

所谓“大锅饭”，是指在分配方面存在平均主义现象。“大锅饭”最典型的表现便是干多干少一个样、干好干坏一个样。可想而知，这种分配制度必然严重打击员工的积极性和创造性，使经济发展丧失活力。

所谓“论功行赏”，是指依据功绩的大小给予奖励。创造“贞观之治”的唐太宗李世民曾说：“赏当其劳，无功者自退；罚当其恶，为恶者戒惧。故知赏罚不可轻行，用人弥须慎择。”可见，明智的君王都是以功过作为依据来进行赏罚的。

同样，企业管理者要想提升员工的积极性，也需要依据功劳决定赏罚，即“多劳多得、少劳少得、不劳不得”，而非“雨露均沾”或以个人好恶进行赏罚。

一位著名的管理学者说过：分配的哲学是“利益驱动”。他主张将经营成果、营收利润与每个员工的收入直接挂钩，从而激励员工成为经营者。当人人都真正意识到“干得多可以拿得多”的时候，工作的内驱力就被激发了。

官渡之战中，曹操与袁绍对峙，曹操军中粮草将尽，此时许攸前来投奔，并献上奇袭乌巢之计。曹操果断采纳，亲率五千精锐部队连夜奔袭乌巢，最终决定了官渡之战的成败。

战后，曹操大摆庆功宴，对此次战役中的有功之臣论功行赏。他首先重赏了许攸，感谢其关键计策。对于张辽、许褚等在战场上冲锋陷阵的将领，曹操不仅赐予大量金银财宝，还封官晋爵。

将士们看到曹操如此公正地论功行赏，都备受鼓舞，纷纷渴望在未来的战斗中建功立业。

“论功行赏”的激励制度，对企业和组织的经营至关重要。企业无论规模大小，都要懂得全面衡量岗位的匹配度，不能不赏，也不能乱赏。

比如，一名普通的销售人员，通过自己的努力和资源签下一笔大单。这个时候要怎么奖赏他？升职？加薪？当然不是。作为管理者，应该结合公司的奖励机制和晋升机制，全面衡量该销售员的综合素质和业务能力，按照公司规定进行奖赏。如果因此将其提拔为岗位负责人，那么就要考虑他是否符合岗位标准、平时的业务能力是否突出、领导能力是否匹配、按照公司的晋升通道是否满足升级要求等，而不是直接将从基础岗提升到管理岗。

对于企业而言，尤其是那些晋升机制不够完善的小企业，公正、科学的考核机制可以优化企业的组织结构，提升整体业绩。而且，“论功行赏”的管理方法还能营造一种积极向上的工作氛围，通过这种方式，让员工正确认识自身的优缺点，以及努力发展的方向，从而获得更多的发展机会和更大的发展前景。那么，具体该怎么做呢？

建立完善的考核机制

建立并完善绩效考核机制，制定明确的奖励标准。这些标准要与企业目标、企业文化，以及企业价值观相一致，并且尽可能具体地、可量化地进行评估。比如，企业可以对照员工的任务完成情况和工作职责的履行程度等进行绩效考核，还可以制订年度、季度、月度等不同周期的奖励计划，以建立持续性、系统性的激励机制。

公平透明地进行评估

在评估员工的表现时，企业需要确保评估的公平性。企业内部每个成员都应该遵循相应的奖励标准和程序，清楚地知道奖励的标准及评估的过程和结果。管理者应该基于客观的事实和数据，而不是主观的喜好和印象，对有成就者颁发与其功劳和贡献相匹配的奖励，同时将结果反馈给员工。

“论功行赏”的激励机制，是激活人心的活力剂，认真贯彻执行这项机制，可以催生强大的行动力。作为企业管理者，必须懂得谨慎地制定并执行论功行赏机制，确保其公平性、透明性、一致性和有效性。

勿以“善小”而不为

所谓“善小”，即日常关怀，是指平日对他人做出的一些善意举止，可能给对方带来一些实际帮助，但更多的是一种心理上的支持和慰藉。它体现的是对他人的关心和体贴，是一种温暖人心的举动。

> 汉文帝在位期间，曾下诏救济鳏寡孤独和穷困潦倒的人。他还下令，政府要给八十岁以上的老人发放米、肉、酒等，九十岁以上的老人，还要另外发衣服和布料。对于那些可以得到米粮的人家，各县县令要亲自检查，并亲自送上门。另外，他还要求郡守负责监察所属各县，发现不按诏书办理者一律给以责罚和督促。

汉文帝的这一系列举措，其实花不了多少钱，但实实在在给他赢得了一个“爱民”的好名声。

职场中，有些管理者不懂得对员工进行日常关怀，所以很难调动员工的积极性。

张总是一家公司的董事长。她的司机经常胃痛，张总知道后时常叮嘱他注意饮食。张总每次用车前，还会给他带一包饼干，以备不时之需。

张总在公司对员工也很亲近，偶尔看到员工手头紧，伙食不好，还会自掏腰包请大家吃饭；加班或者散会时已过了下班时间，她都会点一些好吃的送到公司。

张总的这种日常关怀使公司的气氛非常融洽。

日常关怀其实花不了多少钱，却能起到很大的作用，是真正的“花小钱，办大事”。它能让员工真切地感受到领导的关照和团队的温暖，在团队协作中，员工也会感到更有尊严和价值，从而激励他们努力提升自我，积极主动地完成任务。

日常关怀会让人觉得管理者关心体贴员工，并且纯粹发乎本心。如果平时不注意施与关怀，关键时刻再想增进团队亲和力，就会显得刻意。有些员工可能更关注当下可触及的实际收获，因此及时给予一些小的支持与回馈，能让他们更愿意融入团队，快速找到自己的方向，并且更有助于激发他们的工作热情。

作为管理者，千万不要吝啬，更不要锱铢必较。有些事情，如平常买杯饮料、请客吃饭、员工生病去探望、员工生日时送蛋糕等，这些费用该花就得花，因为从长远来看，它的性价比真的很高。

那么，如何利用日常关怀达到更好的效果呢？

私下场合

如果想关怀员工的私人生活或者感受，如不方便公开明说，可以私下向对方传达好意。这样，对方会感受到你的特殊用心和照顾，也会更加感动。

公开场合

如果想打造亲切大方的形象，可在公开场合关怀员工。不过，在公开场合的关怀需要注意尺度，不要令其他人感到不公平或产生反感。

亲力亲为

日常关怀能取得好的效果，很多时候是因为管理者的亲力亲为。如果让助理帮你转达，效果往往会打折扣，还显得不够诚心。

作为管理者，不要小看日常关怀的效果。人心都是肉长的，对员工的爱护和关照要体现在日常行为中，要知道，物质奖赏并非只有倾囊而出才有成效，平时的关怀也能有效地温暖员工的心。

发红包也有小技巧

如果公司有令人欢欣鼓舞的事，有的企业老板会发红包以示庆祝。不过，红包不能随便发，否则很容易造成花了钱还没落到好的结果。

有一家公司，由于种种原因，出现了两种员工：一种是在编职工，还有一种是特聘员工。在编职工是公司的合同工，其中不乏一些技术骨干和管理人员。一部分是改制前的职工，另一部分是改制后聘用的。而特聘员工则是专门聘用的高级人才，有专职的，也有兼职的。

公司刚完成一个大项目，老板决定给大家发奖金以示庆祝。在编职工的奖金是正式造表公开发放的，特聘员工则是以红包的形式单独发放的。事实上，特聘员工的红包奖金数额是在编职工的两倍多。

原以为发奖金红包能调动员工的积极性，不承想竟引发了不小的矛盾，所有的员工都觉得自己受了委屈：在编员工知道特聘员工有额外的红包心里不舒服；特聘员工反应更大，有的人认为公司没公开造表是没把他们当“自己人”，还有人误会在编职工肯定也收到了红包，整体对比下来，觉得自己反而少了一部分奖金，辛苦的付出没有得到公司认可。结果，两种员工不仅都对公司有意见，还互相对立起来。

该公司出现“激励不成，反倒泄气”的问题，谁承想纷争的根源竟然是红包！这种做法在中小型企业中具有代表性，本质上是奖励的时候不够公开透明。

职场中，金钱作为一种激励手段，很容易调动员工的工作热情和积极性。“科学管理之父”弗雷德里克·泰勒早在19世纪就尝试采用奖金来激励员工，最终显著提高了生产率。但是金钱激励也要用对方式和方法，否则只能产生负面效应。

一家很有名气的大公司，为了鼓励员工读在职工商管理硕士，推出了全面资助计划，不仅为员工提供必要的学费，还制定了学成归来后颇具竞争力的薪酬标准。这一计划在当时广受好评。

然而，几年后，由于人才市场需求结构的变化，公司适当调低了原定的薪酬标准，这引发了那些学成归来的员工的不满。他们丝毫不感激公司为培养他们花费的巨额成本，不停地抱怨公司降薪的行为，觉得公司越来越小气。

涨薪容易再降难，金钱是一把典型的“双刃剑”：一方面，金钱是最直接也最有效的激励措施；另一方面，金钱激励也具有不可靠、代价大、难操作的特性。最重要的是，金钱激励的效果通常难以持久，它存在周期性，随着时间的推移，激励的作用逐渐减弱，很少有人能在加薪两个月后还像刚加薪时一样充满干劲。加薪只能在短时间内让人充满积极性，可以说治标不治本。既然金钱激励存在局限性，那么，怎样才能实现更长效、更根本的激励效果呢？

赫茨伯格的双因素理论认为，每个人都会在工作中寻求最基本的需要，这些基本需要包括公司政策、监督方式、薪资、福利、工作条件、人际关系等，缺乏这些就会令人不满。这些因素只能消除员工的不满，却无法真正激发员工的工作积极性。认可、鼓励、信任也是有效的激励方式，但单纯依靠这些还不能达到理想效果。如果再结合物质奖励，会达到事半功倍的效果。那么，如何让金钱起到更好的激励作用呢？

极致分配原则

针对同一岗位或者同一类岗位，做得好的人和做得差的人，薪酬差距可以适当拉大。比如一些销售岗，干得好的人可以拿到几万元、几十万元，干得差的人只有几百元、几千元。这么大的差距，将很大程度激励员工努力。

调整薪酬结构

固定工资占总薪酬的比例越低，浮动工资占总薪酬的比例越高，激励效果越好。固浮比高，说明员工拿到手的工资基本上都是固定工资，也就是以基础工资为主，这就很难调动员工的积极性，因为干多干少差不多，就没必要那么拼命了。

事实上，员工最有干劲的时候，不一定是挣钱最多的阶段。企业想长时间留住员工，就需要不断地激励员工，一是让其能够不断地获得自我成长，二是让其在面对新挑战的时候能够获得正向反馈。金钱可以起到非常重要的正向反馈作用，但一定要给得恰当才会有效果。

第6章

不吼不骂，如何让员工高效配合

怎样下达指令更有效

管理者发出指令，员工配合执行，才能提高工作效率。但是，作为管理者，千万不要认为只要下了指令，目标就一定能够完成。

人是有情绪、态度和惰性的，面对别人的呼来喝去，很难心情愉快，即使对方是自己的领导。

电影《杜拉拉升职记》里的销售总监王伟，就是一个说一不二的“霸道总裁”。杜拉拉第一天成为他秘书的时候，就接到他布置下来的任务，而且语言精练、语速飞快，根本不管杜拉拉能不能听懂、有没有记住，他只是习惯性地指挥道：“马上！立刻！”然后就离开了。

电影里的王伟，只会对员工提出命令，根本不在乎别人的感受。他的秘书经常被骂哭，以致他的秘书都坚持不了太长时间就辞职了。

管理者在管理团队和企业时，少不了要下达指令，但是下达指令并不代表可以居高临下、颐指气使。

一位著名的教育学家说过："建议别人比命令别人更能达到自己想要的结果。"管理者可以通过委婉和尊重的方式来表达自己的期望和建议。

有一家小工厂突然接到了一笔大订单，合同的金额非常诱人，但是订单的交货时间很短，而且对于质量有很严格的要求。厂长很想接下这份订单，他觉得如果能够做成这笔生意，对于工厂今后的发展大有帮助。

但是，如果同意合作，工人们就要加班加点才能完成。厂长不确定工人会不会同意，于是把决定权交给了他们。他把所有工人聚集到一起，告诉大家订单的情况，然后解释了这份订单对他们有什么样的意义。他请大家来讨论到底要不要接下这个订单。

工人们纷纷提出自己的意见，最后一致同意调整工作时间，大家通过加班和轮休的方式来完成订单。果然，工厂接下订单后如期交货，还赢得了一个大客户。

管理者在下达指令时，有些技巧是必须掌握的。

首先，要懂得尊重，并注重礼节。人与人之间是平等的，就算是上下级，管理者下达指令时也务必要做到有礼貌，多用"请""可以吗""好吗"之类的词语，这是最基本的交流用语。这样更容易让员工心悦诚服地接受，并且去执行。

其次，要展现亲和力。在员工心里，管理者往往代表着权威，其形象通常较为严肃，容易与员工产生距离，让员工望而却步。在下达指令时，管理者可以表现得亲和一些，以免员工紧张，必要的时候还可以给员工打气，增强员工的信心，让他们相信确实能够做好这件事情。

最后，表述要简洁、准确。管理者下达指令时要尽量简单，用简洁、清晰的语言描述任务，将任务的步骤、完成时间和结果交代清楚，避免产生误解和疑问，减少错误的发生。此外，要避免朝令夕改。

表面上看，管理者管理的是企业，而实际上，管理的是人。管理者要想管好人，就不能只用硬性规定和目标。要学会软性管理，才能得到员工更好的配合。

那么，为了让员工更好地执行指令，管理者该如何做呢？

说服员工

一旦发现员工不愿意执行指令，管理者就要想办法说服员工。说服并不是乞求，而是要让员工知道，正因为信任和重视，才把工作交给他。同时，还要适当给出一些正确的方法和注意事项，给予一定的关心和照顾，并提供帮助，消除他们当下的困难。

和员工商量

遇到复杂、棘手的问题时，员工会因为不自信而感到不安。如果管理者这时采用高压政策，员工只会更加恐慌，害怕完不成任务受到处罚，干脆拒绝。管理者如果能用商量的口气，员工可能不仅不会抗拒，还会想尽办法去完成。

询问员工的意见

安排工作时，管理者在大致讲清楚自己的想法之后，可以询问员工的意见，比如问对方“你觉得如何”，既能表现出对员工的尊重，又能鼓励员工表达看法。员工讲述观点时，管理者要积极地倾听并加以理解，便于之后对工作进行调整，从而给出一个更好的执行方案。

如何管理业绩差的员工

每个员工都有优点，这也是管理者应该了然于心的。假如因为员工没有达成期望的目标，就认为其一无是处，只能说明管理者自己也有很大的问题。

若想让员工积极地改进，管理者要先对员工的工作表示肯定，这样能让其更愿意接受自己的意见，并且想办法去改进工作。

刘红是一家服装店的导购员，已经两个月没有达到业绩指标了，工作也不在状态。经理找刘红谈话，先是表扬了她对客户有礼貌、服务周到和服从管理的优点，也认可她在工作中的努力，然后问她是不是遇上了什么困难。

刘红说每个来过的顾客，她都加了微信，而且定期给她们发新品和促销信息，可是只有很少的人有购买意向。经理说，这是因为顾客反感刘红一味地推销。于是经理告诉刘红，想要成交还需要掌握其他技巧。随即她就把自己的经验分享给了刘红。刘红恍然大悟，重新燃起了斗志。

遇到员工业绩不好，如果管理者一开始就发难，把谈话的氛围制造得很紧张，员工也许会战战兢兢，产生抵触心理。即使管理者想了解当前的问题，员工也不愿意配合了。之后就算管理者给出建议，员工也可能听不进去。

管理者表达对员工的认可，能在谈话之前营造一种易于交流的氛围，让员工愿意讲述工作中遇到的问题，并做出改变。

那么，和业绩不好的员工谈话时，管理者应该怎么做呢？

主动找员工谈话

大多数员工比较抵触和管理者谈话，特别是和业绩有关的内容。其实，当员工业绩差时，管理者要主动找员工谈话，要让他明白，谈话的目的不是责难，而是如何改善业绩。

在一个业务的执行周期内，管理者可以根据业务的节点安排，设置谈话的时间，然后每次根据员工的业绩表现去谈话。谈话是为了调整员工的行动，而不是给员工增加负担。

肯定员工的优点和进步

管理者在管理团队时，应该以正面激励为主，让员工处于兴奋和自信的状态。管理者不能只注意员工的不足之处，还应该关注员工在工作中的闪光点，像工作努力、积极主动等。哪怕目标暂时没有达到，员工只要取得一点小小的进步，管理者也要及时发现并表扬。

分析原因，找到方法

鼓励员工之后，管理者应该和员工一起分析业绩不好的原因。如果工作安排不合理，就调整规划；如果能力不足，管理者就要帮助他们找到改善的方法。有可能的话，管理者还应该提供一定的资源支持，给他们改进的机会。

遇到爱发牢骚的员工怎么办

有些管理者认为员工的牢骚是负能量，会破坏公司氛围，影响团结和稳定。一旦员工有一点抱怨，就会立即制止。其实，员工发牢骚不可怕，就怕管理者不能够正确处理。

当员工因负面情绪发牢骚时，如果管理者能够有效沟通并处理，不仅可以化解冲突、疏导愤怒，还能让员工感到心情舒畅，提升他们的干劲。

有一家制造电话交换机的工厂，厂里各类生活和娱乐设施完备，员工的各项待遇和保障也相当不错。可是，工人们工作起来就是没有积极性，产品的销售业绩也不好。

为了改善这种情况，厂长向一位教授求助。很快，一组专家来到工厂内进行了一系列的调查研究，其中就包括和工人谈话，也就是“谈话实验”。在实验过程中，专家让工人们把对工厂的不满和意见都尽情发泄出来，还把这些情况详细地记录下来。

这个实验持续了两年，在此期间，工厂的产量得到了大幅提高。

经过研究，专家们得出结论：工人们将不满的情绪发泄出来，情绪有了出口，放松了心情，所以工作的热情才会高涨。这就是管理学中著名的“霍桑效应”，也称“牢骚效应”。

人的情绪就像一口高压锅，上面要有安全阀之类的装置。当锅内的压力过高时，就需要将安全阀打开，排出气体，这样高压锅才不会因为压力超过安全阈值而爆炸。

不让员工发牢骚，他们的不满情绪无处排解，就会心存芥蒂，或者出现无声的抗议，导致企业内部死气沉沉；或者出现因负面情绪累积过多，导致情绪爆发，进而激化矛盾的局面。

牢骚虽然不总是正确的，但有时候却是改变不合理现状的催化剂。所以，作为管理者，要认真对待员工的牢骚。

解决发牢骚的问题，就像疏通水池一样。当水池流通不畅，慢慢出现淤堵时，水会流得到处都是。把淤堵的地方疏通之后，水流变得顺畅，杂物也会随之流走，水池就不会淤堵了。

管理者可以随时和员工谈心，把员工向上沟通变为管理者向下沟通。通过交流思想和意见，尽早解决员工的不满，以免影响工作。如果不能经常谈心，管理者也要定期和员工沟通，了解员工的工作情况和遇到的问题。

有时候员工的牢骚可能非常刺耳，特别是针对管理者的抱怨。管理者听到时，要保持冷静，理智地对待，尽快解决才是上策。

那么，管理者应该如何处理员工的牢骚呢？

分析原因，坦诚沟通

发现员工发牢骚时，管理者要懂得分析原因：是因为员工利益受损，还是认为公司对其不公呢？抑或他本身就爱发牢骚呢？

有了初步的判断后，管理者要和员工沟通，不要一味地批评和指责，而是要将听到和看到的情况讲出来，然后表示想听听他的想法。

认真倾听，边听边思考

员工说话时，管理者要严肃认真地倾听，不要心不在焉。倾听时，最好避免处理文件、接待访客或接打电话，也不要表示否定和轻视的意思，做出摇头、讥笑、插话等动作。

除了集中精神倾听，管理者还要边听边思考，结合之前对原因的初步判断，从员工的话中寻找问题，或者向更深层次进行引导，从而找到员工真正的心结。

不同的牢骚应区别对待

合情合理的牢骚，管理者要给予重视，并想办法解决。假如一时解决不了，就要向员工说明情况，争取得到其理解。

如果员工的牢骚只是为了发泄怨气、争夺私利，管理者就可以根据公司制度，向他阐述客观真实情况，同时还要给予他激励，否则牢骚越来越严重，其他同事也会受影响。

为什么不要轻易许诺

九鼎，是中国古代重要的礼器，代表了至高无上的权力。一言九鼎，形容说话的力量大，能起到关键作用。身为管理者，说出的话要有分量，员工才会听，这就需要管理者讲信用。

不过，有些管理者有轻言承诺、朝令夕改的坏习惯，总是随意更改指示，喜欢和员工说大话，拍着胸脯做保证；但是需要履行承诺的时候，又不想付出代价，在权衡利弊之后时常反悔，让员工厌恶。

一家公司研发了一款新产品，为了在国内打开销路，总经理广招“英雄”时做出郑重承诺：只要在年底，个人销售额能够达到500万元，就会获得30万元奖励。

有几个人前来应聘，信誓旦旦地表示一定能够帮助公司实现销售目标。为了多卖产品，他们每天从早到晚外出奔波，挨个拜访客户，几个月下来鞋子都跑坏了。

功夫不负有心人，几个业务员终于在年底完成了销售额，整个公司的销售目标超额完成。总经理看到销售部的考核结果，发现总共要发出150万元的奖金。他不愿意出这么多钱，就把奖金降到了每人10万元。

业务员发现奖金少了这么多，就去找总经理理论。总经理却振振有词，并教育他们眼光要放长远一点，不要只对公司提要求，还要求他们体谅公司的难处。

有几个业务员感觉被骗了，愤而提出辞职。还有人虽然没走，但是工作起来也没有了积极性。公司的业绩随之直线下降。

做生意讲究诚信经营，才能得到客户的信任，从而收获长久的合作。在职场上，诚信是一个人立足的根本，无论他是管理者，还是员工。诚实关乎一个人的品质，是人际交往时必要的考察条件。

管理者说话算数，方能彰显自己是一个可靠稳重的人，员工才会产生信任感，愿意和他一起共事。反过来，如果管理者说话不算数，就会损害自己的信誉，破坏自己的形象，会使员工从内心产生强烈的不安全感。

管理者的承诺没有兑现，员工吃过一次亏，就不会再相信管理者了，肯定会产生防范之心，并远离他。长此以往，团队的凝聚力就会受到影响。

在做出承诺之前，管理者要根据自己的能力和意愿，认真考虑承诺的具体内容、履行承诺的时间和方式，同时也要考虑可能出现的意外情况和应对方案。

一旦目标达成，管理者就必须按时兑现自己的承诺。如果不能立刻兑现，就要制订详细的计划和时间表，关注进展情况，这样才能赢得员工的信任和尊重。

人无信不立。管理者更是如此，在员工面前要讲信用，才能避免留下不良印象。那么，管理者在做出承诺时要注意什么呢？

做不到的不要承诺

员工都想加薪，有的员工还想晋升，但是每个管理者的权力范围不同，而且每家企业对薪资和晋升都有相应的制度和标准，不能随意更改。想激励员工的时候，如果感觉自己做不到，就不要随便承诺。否则，员工不仅会怨恨管理者，还会怨恨企业。因为在员工眼里，管理者是企业的代表。

再小的承诺也要遵守

承诺有大有小，越是小事越会让人印象深刻。比如开会时间确定以后，管理者就要避免迟到，让员工等待，这样既浪费别人的时间，也显得自己不负责任。如果在小事情上不注意，次数多了，员工就会觉得你不值得信任。

承诺时留有余地

承诺时要注意把握分寸，给自己留有余地。就算有十足的把握，也不要把话说得太绝对，可以多使用“尽量”“尽力而为”等比较灵活的词语。万一情况有变，员工不至于太失望；如果兑现了，也能给员工意外的惊喜。

眼光要放长远

欺人只能一时，而诚信是长久之策。要想赢得他人的信赖，管理者必须将目光放长远，不要只追求眼前的利益，更不要在小事情上斤斤计较。

如何做到就事论事

“就事论事”，指的是单纯从事情本身的性质去讨论和评判，而不去评价当事人。“就事论事”和“对事不对人”的意思差不多，都是把事情作为关注的焦点，尽量不掺杂太多情感因素。

在工作中，管理者尤其要管控好情绪。一切与工作无关的情绪最好都不要带到工作之中，否则自己的决策将受到很大影响。管理者应当用公正的态度和合理的方式来评判工作中出现的问题，而不是凭借自己的好恶和感情。

王宇是仓库负责人，赵成是业务员。两个人因为发货的事情产生了矛盾。王宇指责赵成没有收到货款就发货，而且还没有得到经理的同意，这不符合公司的规定；赵成则解释自己是为了留住客户。两个人谁也不服谁。

前一阵子，王宇刚刚和经理因为货物存放问题吵过架。经理本来对他印象不佳，现在看见他和赵成吵架，更觉得厌烦，于是就把王宇批评了一顿，说他不懂得变通。王宇听了经理的话，更生气了，在公司里大吵起来，认为经理是在打击报复，对自己不公。

管理者有一定的权力，因此尤其要注意不能把自己的喜好强加在标准之上。否则，公司的制度就会变得模糊，形同虚设。而且，一旦管理者的眼睛被人情所蒙蔽，看事物的角度也会发生变化。

如果管理者评判的标准是人而不是事，只要是他喜欢的人，做什么、怎么做都是对的，即使无所事事，也会被表扬；只要是他不喜欢的人，即使做对了也会被指责，能力再强，也不会受到重用。管理者这样随心所欲，不仅被批评的员工会不服气，而且所有人都会看在眼里，认为管理者以公徇私。

那么，管理者在批评员工时，有哪些注意事项呢？

保持宽容，不要过于苛刻

世界上没有绝对完美的人，对待任何人都不要苛求。尤其是对待自己的员工，更不能过分要求对方面面俱到，只要他具备你需要的才能，能帮助你完成工作，就足以让你友好地对待他了。

美国南北战争时期，有人告诉林肯总统，说他新任命的总司令格兰特将军嗜酒贪杯，难担大任。林肯却说："如果我知道格兰特将军喜欢什么牌子的酒，我就会送若干桶给他和其他的将军。"

林肯是在肯塔基州和伊利诺伊州度过自己的童年时代，他当然知道贪酒可能误事，但他更知道格兰特将军是当时所有将军中最有才能的一位，只有他才能攻必克、战必取。事实上，对格兰特将军的任命成了南北战争的转折点。

这确实是一次有成效的任命，证明了林肯的用人政策，是在于求其人之所长，而不在于求其人为“完人”。但是，这个用人之道是林肯通过艰苦的努力才学会的。在任命格兰特之前，林肯曾经接连任命过好几位将军，任命的标准是：追求所用之人没有严重的弱点。而选用这些人的结果就是，尽管北军在人力或物力上都占极大优势，但战果却得不到任何进展。在多数情况下，当领导者在用人决策上局限于选用没有明显短板的人时，其领导的机构大概率会陷入一种动力不足的困境，成为一个业绩平平的机构。

避免翻旧账

有些管理者在批评员工时，习惯把对方以前犯的错误也讲出来。本来在讨论今天的事情，结果却变成了翻旧账。

翻旧账的习惯非常不好。批评要就事论事，不要把其他事情牵扯进来，不然就相当于把事情扩大化。员工本就对被批评心有委屈，结果还要因为陈年旧事被数落个没完，自然会心生不满，觉得管理者斤斤计较，难免会失去工作的积极性，甚至会做出影响大局的行为。

批评注意语言和场合

员工做错事情或业绩不佳的时候，管理者可以批评，但是不能不分轻重、不分场合。如果不注意方式和方法，就会伤及员工的自尊心和自信心，导致团队不稳定。

管理者批评员工时，要懂得尊重员工的人格。尽量避免当众批评，以免令员工感到难堪和尴尬。

什么是“位差效应”

企业中的沟通方式有三种：上传、下达和平等交流。除平等交流外，其余两种都是“不平等交流”。

不平等交流会带来“位差效应”。美国加利福尼亚州立大学曾经对企业内部的沟通进行深入研究，发现上级传达的信息只有20%~25%能够被下级知道并正确理解，下级反馈的信息能传达到上级那里的不超过10%，而平行交流的效率却能达到90%以上。

某机构在研究企业内部沟通情况时，曾经尝试在企业内部构建一个平等交流机制。结果，与之前相比，建立平等的沟通渠道后，上下级的沟通协调能力大大加强，能够更快地达成一致，而且信息在上下级和部门之间的流动更加顺畅，在执行过程中也降低了信息被误解的可能性。通过这项成果，他们得出一个结论：平等交流能更好地保证企业内部进行有效沟通。

一位上市公司的首席执行官（CEO）说："管理公司成功的方法是沟通、沟通、再沟通。"企业规模较小时，可能并不存在沟通上的问题。但是当企业发展到一定规模，管理层级增加时，沟通就会陷入困境。如果不能解决这个问题，既不利于管理，又会造成企业内耗。

企业中的沟通，之所以容易出现阻碍，很大一部分原因是沟通双方的身份和地位存在差距。上级和下级沟通时，容易产生心理隔阂，这种隔阂来自沟通双方的上位心理和下位心理。心理上的"位差"，虽然能维系管理上的秩序和上下级关系，但是却容易造成企业的沟通障碍。这就是管理者发现管的人多了，反而似乎和员工离得越来越远的原因。

特别是创业者，当公司规模变大后，他们对于基层的情况常常一无所知。每次给员工开会，自己讲得激情澎湃，大家却好像无动于衷，和基层员工谈话也很难有收获。这是因为，上级处在高位，会不自觉地站在自己的位置思考，很难真正理解下级的话，即使是真话，也可能听不进去。下级会因为处在低位，不得不服从，心生恐惧甚至戒备，无法敞开心扉，即使发言，也言不由衷，只能看上级脸色。久而久之，下级会心生埋怨，长此以往就会影响执行力。

想要避免这种情况，管理者首先要做到平易近人、不耻下问，敢于自我批评，要树立积极沟通的意识。高层管理者要广开言路，坚持从基层员工那里获得第一手信息，尤其注重员工的意见和建议 。

某百货公司很重视基层员工的意见。在公司内部，任何员工在任何时间、地点都可以用口头或书面形式向管理人员，甚至董事长提出自己的建议或进行投诉。公司会专门讨论这些意见，并积极采纳可行性建议。在公司总部，经常有各地的基层员工要求面见董事长。董事长沃尔顿先生会耐心接待他们，并认真倾听他们的意见，积极解决问题。他还要求公司的每一位经理都这样做。

平等沟通并不是让上下级之间在工作中平起平坐，也不意味着上级要和下级称兄道弟。它是要打破管理者和员工之间的等级壁垒，让双方的沟通保持平等的姿态，使沟通更加顺畅，让员工感受到企业对自己的尊重，从而对企业产生认同感和归属感。

那么，管理者如何减少和员工之间的“位差效应”呢？

增加沟通渠道

如果沟通渠道比较少，就会影响沟通的顺畅性。管理者需要在企业内部不断拓展和疏通沟通的渠道，比如增加意见信箱、设立投诉热线、公开管理者的电子邮箱、定期召开座谈会、设立专门的沟通日等。员工可以通过这些渠道对公司各方面的工作提出建议，对存在的问题进行投诉和评论。管理者要在规定的时间内反馈问题的处理结果，并回答员工的疑问。

利用非正式渠道

企业的高层管理者和基层员工的层级差距大，可能很难与员工融为一体。如果高层能够在公司组织的一些文娱活动或年会上，跟基层员工和管理人员进行沟通、交流，不仅能够了解基层的情况，还能够消除他们对企业的一些误解。如果是正式会议，会下沟通往往比会上沟通更能达到效果。

第7章

制造『危机』，让所有人行动起来

如何利用“鲇鱼效应”激励员工

管理学中有一种理论，叫作“鲇鱼效应”，来自挪威渔民的沙丁鱼运输智慧。后来，人们将这一方法引申为管理学中的一个重要原则。

“鲇鱼效应”的原理在于通过外部竞争来调动内部的积极性。作为一种有效的管理方法，它能够提高员工的工作效率，帮助企业保持活力，实现可持续发展。

> 活的沙丁鱼不仅鲜嫩可口，而且比死鱼价格高出许多。但是沙丁鱼出水之后，很难保持活力，也很容易死亡。后来挪威渔民发现，只要在沙丁鱼群中放入一条鲇鱼，沙丁鱼就会一直保持活跃，直至被运到海岸。这就是管理学上著名的“鲇鱼效应”。

“鲇鱼效应”之所以会发生，是因为鲇鱼在进入鱼舱后，由于环境陌生再加上天性驱使，它会四处游动，在它的追逐下，沙丁鱼被激发了求生本能，四处逃窜，因此保持了活力。在企业中也一样，有些企业因为业务或制度原因，缺乏创新能力，整体像一潭死水，看上去死气沉沉。这时候就需要给员工一些刺激，让他们变得积极主动起来。

一家公司的几个业务员都缺乏干劲，销售情况很不好。经理想方设法调动员工的积极性，可总是没有效果。有一次开会，他询问一个业务员每天能拜访几个客户，业务员说自己每天见 3 个客户。

他问别人，有没有人能超过 3 个？另一个业务员举手，说自己可以见 4 个。不一会儿，其他业务员纷纷表示自己可以见更多的客户。就连第一个发言的人，也说自己可以再多见 1 个客户。没过多久，公司的销售情况就有了好转。

正因为有了竞争，原先没有斗志的业务员受到鼓舞。这说明大多数员工是有潜力的，只不过因为身边缺少竞争对手而缺乏工作动力。如果让他们发现周围都是对手，就会产生超过其他人的想法，不再拖拖拉拉、毫无干劲，工作起来自然有了目标。

某公司总裁发现公司有不少员工完全没有工作的热情和积极性，严重影响了公司的运转。再加上销售部经理观念保守，不仅导致销售部故步自封，还影响了整个公司的发展。

总裁知道了“鲇鱼效应”后，决定从外部引入新的员工，进行人事改革。于是，他从别的公司挖来新人，接替销售部经理的职位。新人自从入职后，凭着自己丰富的工作经验和超高的工作热情，将销售部全体员工的积极性调动起来，公司的业绩大幅提高，在销售部的带动下，整个公司变得更有活力。

当企业出现“鲇鱼”的时候，那些老员工在新力量的刺激和带动下，不得不努力工作以证明自己的能力，以防别人超过自己。对于那些想要留在企业的员工来说，“鲇鱼”就相当于一种“警告”，如果自己不努力，就有可能被清理出去。为了留下来，他们就会更好地为企业的发展服务。

“鲇鱼效应”虽然能激发员工的工作热情和潜能，但也可能会出现一定的负面作用。管理者需要注意，过度的刺激会让员工感到压力过大而无法承受。而且，一旦出现恶性竞争，极易扰乱工作资源的合理分配，造成员工待遇不公，引发团队内部矛盾，对整体工作效率与团队和谐产生负面影响。

那么，企业如何激励员工进行良性竞争呢？

聘用优秀人才

员工之所以会懈怠，是因为缺少动力。如果从外部引入优秀人才，并着重培养，相当于给团队注入了新鲜血液。原本因循守旧的老员工感受到新生事物的蓬勃力量，就会产生危机意识，为了跟上时代，自然会更加努力地工作。一个部门内部的工作热情被调动起来之后，其他部门的人员也会被带动，最后使整个企业的业绩蒸蒸日上。

选拔优秀员工

管理者还可以从内部寻找合适的员工作为“鲇鱼”，在一定程度上激发懒散的员工。在现有员工当中，管理者要找出能够被当作“潜力股”培养的人。可以从员工的工作态度、解决问题的能力、工作动机和带动作用等方面进行考察，用公平公开的方式筛选优秀员工，并给予他们发展的机会，从而引导员工积极行动起来。

怎样让员工走出舒适区

很多人刚进入职场的时候兢兢业业，但随着工作经验的增长和对工作内容更加熟悉后，工作进入了平稳期，就会变得懒惰。

人是有惰性的，安逸和舒适的环境会麻痹一个人。员工贪图轻松的环境，必然会影响工作效率，不利于工作。管理者要想办法防止员工滋长惰性。

某公司老板一直倡导“走动管理”理念，经常到公司各部门和工作一线深入了解情况和解决问题。曾经有一段时间，该公司陷入了亏损危机，经过调查研究，他发现问题出在管理层身上。这些职能部门的经理习惯了每天待在办公室，靠在舒适的椅背上指挥员工工作，时间都被浪费在闲聊上了。

于是，这位老板想了个“奇招”，下令将所有经理的椅子靠背锯掉。一开始大家很不理解，甚至私底下抱怨，后来才明白他的用意。没有椅背的椅子坐起来很不舒服，经理们不得不离开办公室，深入基层。这个方法及时堵上了管理方面的漏洞，公司很快扭亏为盈。

“舒适区”是心理学上的概念，也叫作“心理舒适区”。它指的是一个人固有的习惯、行为方式和思维定式，在这种状态和模式下感到舒适、轻松、有掌控感和安全感，一旦走出去就会不舒服、不习惯。所以，很多人都不愿意离开自己的“领地”。

职场舒适区通常是指一个人长期工作的环境以及熟悉的工作内容和流程。员工不想离开舒适区，本质上是喜欢稳定的感觉。可是，习惯了稳定，人就会将自己禁锢在一个圈子里，不愿意冒险挑战，业绩就不能进一步提升。

管理者不仅自己不能待在舒适区，还不能让员工感觉太“舒服”。否则，一旦想对员工严格一点，想让员工多承担一些责任，他们就会推三阻四、挑肥拣瘦，甚至直接拒绝，这样就创造不了更大的价值。

一个优秀的管理者，首要的职责就是取得期望的业绩，乃至更高的业绩，否则，再受员工喜爱、资历和能力再强、再没日没夜工作，这样的管理者也起不到根本的作用，依然会遭受指责和无视。因此，大多数管理者会将业绩看得非常重要，因为他们时刻在承受着业绩的压力。

而员工相对地却没有直接面对这些压力，他们大多数时候待在舒适区，就容易不思进取，转为被动地工作。这样的话，业绩很难得到提升，甚至会不断下降。个人的业绩无法提高，整个团队的业绩也会被拉低。任何一个团队或企业的最终目标都是为了发展，只有每个人付出更多努力，才能达成这个目标。

管理者要努力促使员工达到更高的要求，不管是鼓舞还是激励。哪怕员工不愿意、做不到，也必须要求他们先去尝试，再根据情况进行调整。只有当员工感觉到“不舒服”时，才会思考、行动，间接地激发工作热情和创造力。

那么，企业想让员工离开舒适区，应该怎么做呢？

先思考再沟通

很多员工遇到不知道该怎么解决的问题，会找管理者寻求帮助。养成习惯以后，他们有可能就不再自己想办法。因此面对员工的问题，管理者首先要问他自己的想法。如果员工有想法，管理者可以帮助判断是否可行；如果员工完全没有答案，就让他回去思考一下，等有了答案再来沟通，而不是直接伸手要答案。

做挑战性工作

员工只重复做自己的那一部分工作，永远进步不了。管理者可以将有些困难的任务交给员工，让他们在工作中学习和成长，并且在面对新的困难时学会如何解决，从而提高工作能力。

> 小李大学时学的是计算机专业，毕业后成了一名程序员。不久后，朋友邀请他做投资，让他先从销售做起。他逼着自己和别人交流，终于在规定的时间内有了业绩。后来，他又辞职创业，把一家创投公司开得红红火火。

鼓励员工创新

员工的工作年限久了，工作方法难免陈旧，工作惯性也早已养成。管理者应该给予员工一定的权限，鼓励他们创新或是提出新的想法和做法，帮助他们拓宽思维。特别是公司的年轻员工，管理者要给他们发言权，从而让他们带动整个公司的氛围，使公司变得更有活力。

怎样“逼”员工进步

“井无压力不出油，人无压力轻飘飘。”有些员工比较自觉，但还有一部分员工，没有压力就容易消极怠工。员工不积极，工作不主动，管理者就容易身心俱疲。

不过，凡事都有两面性。如果给员工太大的压力，他们就会精神紧张，感到烦恼、困扰，甚至心生愤怒而拒不配合。

陈总是一位工作风格强势、追求高效的管理者。他认为，只有通过高压才能激发团队潜力，确保项目按时且高质量完成。在负责一款重要产品迭代升级的项目期间，为了提前完成任务，他不断给团队成员施加压力，要求他们加班加点，晚上9点之前不许下班，甚至周末也需要到岗工作。

大家连续工作三周都没有休息，就有人出现身体不适找借口请假。陈总召开了团队会议，对请假的员工进行了严厉批评。这之后，虽然没有人请假了，但不少员工出现了消极对抗的情绪和行为，工作效率大幅降低。也有人不堪高压环境，提交了辞呈，这进一步影响了项目的进度和质量。

当管理者把过多的压力施加到员工身上时，员工就会将压力和工作联系在一起。在员工眼里，工作等于压力，压力等于痛苦，工作就和痛苦画上了等号。人的本能是逃避痛苦，员工为了减少痛苦，就会消极对待工作，出现糊弄、应付，甚至逃避工作的情况。这显然不是管理者的本意。

心理学中有一个著名的定律，叫作“耶克斯－多德森定律”，也被称作“倒U曲线”，它指出了动机水平和工作效率之间的关系。学生在参加考试的时候，内心压力如果过大，就会紧张和焦虑，思维受到限制，无法发挥出应有的水平。

管理学上也存在这种现象。人只有在适当的压力下，才会产生最佳动力水平，从而更努力地去工作。如果压力过大，超出正常承受范围，就会产生焦虑，压力就变成了阻力，工作效率下降，业绩自然会降低。

有些管理者感受到压力时，会直接将压力传达给员工，让员工产生不悦的情绪。其实，要想提高员工的执行力，管理者可以将压力变成动力，再传达给员工，员工就不会觉得管理者是在为难他，也不会因为任务太难而信心不足，反而能够调动主观能动性。

没有人喜欢高压，不过压力并非全无好处。压力不仅能够激发人的潜能，而且适度的压力能够造就优秀的员工。管理者若能精准把控压力的尺度，适度给予员工压力，便能促使员工在这股“推力”下，加快成长步伐。

有个年轻人想拜一位哲学家为师。哲学家就把他带到一条小河边，年轻人觉得很奇怪，但更奇怪的事情还在后头，只见哲学家“扑通”一声跳进河里。这个年轻人不解：难道大师要教我游泳？

这时，哲学家向年轻人招了招手，示意他下来。年轻人也糊里糊涂地跳下了水，刚一下水，哲学家就把他的头摁到了水里，年轻人本能地挣扎着把头探出水面。哲学家又一次把他的头摁到了水里，这次用的力气更大，年轻人拼命挣扎，脑袋刚一露出水面，又被哲学家第三次死死地摁到了水里。这一次，年轻人顾不了那么多了，拼命挣扎，挣扎成功后就没命地往岸上游。上了岸，他哆嗦着说：“大……大师，您这是要干什么？”

哲学家并不理会这个年轻人，径直上了岸。当他转身离去的时候，年轻人觉得有些事情还没有明白，于是，他就追上去对哲学家说：“大师，恕我愚昧，刚才您的做法我还是没有悟过来，能告诉我吗？”

哲学家说：“年轻人，如果你真的想跟我学知识，你必须有强烈的求知欲望和一些压力才行，就像你刚才在水里挣扎一样。”

那么，管理者如何将压力变成动力，让员工更好地应对挑战呢？

表达对员工的信心和信任

如果管理者直接告诉员工公司承受了多大压力，员工也许并不能感同身受。而如果警告员工业绩继续下滑则会受罚，如同在对方头顶悬起警示之剑，其积极性同样不会提高。如果管理者在告知员工公司困境和自己的难处时，表达出对员工的信心和信任，既让员工感受到管理者的肯定，又能增强其信心，从而让他自主地去完成任务。

赞赏员工的能力和责任感

用下死命令的方式强制员工执行，会让对方感到很为难。员工被强迫做某事的时候，会觉得这件事情很难完成，容易产生逃避心理。但是，如果管理者夸奖员工有能力、有担当，员工就会充满信心，会尽力地完成任务。

让员工相信事情对自己有利

员工感觉事情与自己无关的时候，不会产生做事情的动力。管理者只传达压力，相当于告诉员工，无论该不该做都得做。而如果管理者告诉员工这件事情对他有利，那他就会愿意去做，并且竭尽所能。

将大的问题分解成小问题

大的问题自然会产生大的压力。管理者可以将大的问题分解成小问题，然后将每个小问题分给不同的员工。每个人只处理自己的一部分任务，就能够减轻每个人的压力，不会因为直接面对那么大的压力而感到畏惧。

帮助员工制订成长计划

每个员工都希望变得更好。管理者可以根据员工的个人情况，结合公司的目标，帮助员工规划适合他的成长路线，促进员工不断成长，并增强其归属感。

怎样利用“马蝇效应”激励员工

“马蝇效应”来自美国第16任总统亚伯拉罕·林肯小时候经历的一段趣事。这段经历对他的启发很大，让他明白了激励的作用。

要实现企业的高效管理，驱动全体员工齐心协力奔赴企业愿景，管理者需巧妙运用“马蝇效应”，激发员工的内生动力，促使他们自发地投入工作 。

林肯出身于肯塔基州一个普通的农民家庭。一次，年少的他和兄弟在老家的农场里犁地，兄弟扶犁，林肯赶马。这匹马很懒，走起路来一步三停，慢慢腾腾。可是没过一会儿，这匹马就走得飞快，根本不需要吆喝，马儿很快将所有的地犁完了。

后来，林肯发现马身上有一只很大的马蝇，就挥手将马蝇打落。兄弟问他为什么要这样做，他说自己不忍心看马被叮咬。他兄弟便说:“马就是因为被咬了觉得难受，想要把它甩开，才会跑起来的。”果然，摆脱马蝇后，马又开始磨起了洋工。林肯才明白，正是因为有了马蝇，马才会跑得快。

再懒惰的马，只要被马蝇叮咬，就会打起精神，健步如飞。同样，不管什么样的员工，只要构建起科学合理的机制，就能有效挖掘他们的潜在能量，激励他们积极投身工作，从而创造价值 。“马蝇效应”可以理解为管理者采取的激励措施。

“马蝇效应”发生作用的原因，主要在于外部刺激激活了人的需求。需求会被强化为行动欲望。在一定的外界因素的刺激下，驱动了人突破惰性，最终唤起了人的动力。就像马被叮咬时产生的疼痛感一样，为了摆脱疼痛，马就跑了起来。人都有变好的愿望，受到激励时，也会积极行动起来。

外部刺激还能让员工产生明确的目标，就像懒惰的马突然奔跑，就是想要摆脱马蝇，这个目标非常明确。有了目标，员工就有了使命感，就知道该如何努力了。管理者应该让员工明确工作目标，并且以团队的目标为导向。

俗话说“一石激起千层浪”。一只“马蝇”能够激发员工的斗志，把能力最大限度地发挥出来。“疼痛”的刺激，能够让员工在不断适应中收获成长。“目标”相当于一个导航方向，让员工牵挂于心，就有了前进的动力。

职场中，上级和员工之间的关系是互相促进的。管理者如果能够把握这个本质，利用好“马蝇效应”，便可以培养和留住人才。各种激励措施就是无形的“马蝇”，能够帮助管理者提升团队的工作效率，增强团队的凝聚力。

不过，人的诉求和目标千差万别。想让激励方法变得恰当，管理者就要从员工的需求入手。员工的情况不同，需求也不同。有人看重物质财富与职权、地位等现实层面，有人则看重尊重或荣誉等精神层面。针对不同的人，管理者只有投其所好，才能让他们“智者尽其谋，勇者竭其力，仁者播其惠，信者效其忠”。

能力越强的人，往往越难管理。但是，想要创造更好的业绩，恰恰离不开这些人。管理者要胸怀宽广，将各种员工调动起来，激励他们不断挑战更高的目标。

如果团队内部竞争意识不足，员工缺乏进取心、对目标不敏感、习惯于维持现状，甚至排斥团队竞争，这种现象该如何利用“马蝇效应”激发员工内在的工作热情呢？

设定个人化目标

管理者可以为员工设定短期、可量化的目标（如每月完成特定任务量、提升某项技能等级），并明确目标与个人成长、职业发展的关联。

某销售团队为一名竞争意识较弱的员工设定了“每月新增3个客户”的目标，并明确达成目标后将获得晋升机会，员工因目标清晰且与个人发展挂钩而主动努力。

引入良性竞争机制

管理者可设计非对抗性竞争形式（如团队积分赛、阶段性挑战赛），降低员工对竞争的抵触感。

某技术团队开展“月度代码优化大赛”，员工以个人或小组形式提交优化方案，胜出者获得额外休假或学习资源，避免直接排名引发的焦虑。

设置“小步快跑”挑战

管理者可将大目标拆解为易达成的小任务，逐步提升难度，帮助员工建立信心。

某设计师因畏惧高难度项目而拖延进度，管理者将其任务拆解为“完成草图→优化细节→提交终稿”三步，每完成一步都向管理者汇报进度，设计师最终高效完成项目。

提供安全尝试空间

管理者要允许员工在低风险环境中试错，如设立“创新实验周”，鼓励尝试新方法，失败不扣分，成功则奖励。

某市场部员工因害怕失败而回避新方案，管理者允许其用 10% 的工作时间测试创意。最终有一个方案获得了显著效果，员工信心大增。

怎样实行岗位轮转

岗位轮转，指的是企业让员工轮换做不同的工作。这种工作的轮换通常有一定的期限，形式上分为在企业的不同部门轮岗或在某个部门内部的不同岗位轮岗。

轮岗制可以让员工通过熟悉不同岗位的工作内容，使自己的能力得到全方位提升，还可以帮助企业培养优秀的人才。这种做法成本低、风险小，对企业的可持续发展十分有利。很多知名企业和大型公司会在企业内部或跨国分公司之间进行工作的轮换。

某知名企业在人力资源管理中专门设立了岗位轮换制度，相当于给企业内部引入了一种竞争和选择机制。通常情况下，长时间在一个岗位工作的员工会对同一项重复性工作产生疲倦、缺少热情，虽然收入会随着工作年限的增加而增长。这个时候，如果企业想要留住人才，物质奖励未必会奏效，而岗位轮换则有可能维持人员的稳定。因为员工在轮换岗位时，能在新的工作中学到不少东西，相当于拓宽了自己职业发展的空间，而且还可以体验到只有跳槽才能带来的新鲜感和乐趣。该公司还在内部建立了一个“劳动力市场”，通过轮岗制促进人才的合理流动和配置，激活了员工的潜力。

当员工刚被分配到一个工作岗位的时候，通常特别积极。他们愿意主动去学习，接受新鲜事物，也愿意创新和改革。但是工作一段时间后，他们熟练掌握了工作内容和技能，效率反而会降低，对本职工作的热情下降，甚至出现敷衍了事的情况。员工的思想容易变得僵化，不再主动改进和创新。这样的员工多了，企业就会失去活力。

有部分员工会因管理者持续安排琐碎、重复的任务，且自身晋升前景黯淡，而产生不被重视之感，进而工作时精神萎靡，效率低下 。长此以往，员工可能就会选择跳槽。

中国有句古话：“流水不腐，户枢不蠹”。轮岗制能够让企业这潭“死水”活跃起来。轮换岗位后，新的岗位能够激发员工的创造性，有利于工作方法和流程的创新。适当的轮岗能让员工感受到企业对自己的重视，也会乐意在新的工作中施展才能。

企业通过轮岗这种既经济又有效的方法，可以挖掘和培养更多能够独当一面的优秀人才，还能提高员工和岗位的适配度，避免人才浪费，进而激发员工的潜能，增强企业的活力，提高组织效能。

在一些大型制造企业中，从事产品设计工作超过十年的人相对较少。企业的管理者会让设计部门定期更新，这样做可以在一定程度上防止设计人员思维陈旧，导致产品的设计过于落后。有些企业还会实行末位淘汰制，定期招聘新人，增强企业活力。

不过，轮岗也存在一些弊端。新旧岗位在交换时，员工要先熟悉新岗位的工作内容，短期内工作容易出现错误，工作效率也会有一定程度下降。岗位轮换的制度如果设计得不合理，轮岗过于频繁，轮岗人数过多，也容易导致管理混乱。比如，如果员工对轮换的岗位有抵触情绪，就不会尽职尽责地工作；如果轮换岗位后没有专人指点，员工换到新岗位得不到培训，则无法开展工作。

那么，管理者要想让轮岗更好地发挥作用，应该怎么做呢？

制定合理的轮岗制度

要想避免轮岗制度增加的试错成本，给企业造成负担，管理者应提前设计并制定科学的轮岗制度，保证制度合理地运行。根据轮岗的目的，管理者要设计详细的轮岗计划、周期、年限、对象、人数、薪酬待遇、绩效考核、奖惩办法、培训内容、导师安排、工作交接制度，等等。

坚持自主自愿原则

轮岗相当于让员工走出舒适区，重新学习新岗位所需要的知识和技能，但不一定所有人都愿意这样做。管理者打算实行岗位轮换前，要征求员工的意见，将公司相关的制度提前向员工说明。当员工充分了解和考虑后，能够减少对岗位变化的不安和焦虑感，更好地适应新岗位。而且，参与轮岗的员工应该和转入部门进行双向选择，这样才能更好地发挥岗位轮换效果。

第8章

洞察心理，利用人性特点带团队

怎样运用“登门槛效应”

心理学中有一个术语，叫作“登门槛效应”，也叫“得寸进尺效应”。它指的是如果一个人接受了别人的一个小要求，那他很可能会为了前后一致，或者给别人留下好印象而接受一个更大的要求。这个效应来自 20 世纪 60 年代社会心理学家弗里德曼进行的一个实验。

> 1966 年，弗里德曼做过一个“无压力的屈从——登门槛技术”的实验。实验对象是两个居民区的居民。实验人员先来到第一个居民区，请居民们支持“安全委员会”的工作，劝他们在自己的房屋前放置一块写有“小心驾驶”的大告示牌。结果，很多居民拒绝这一做法，只有 17% 的居民同意了。
>
> 实验人员又来到第二个居民区。他们先向居民们提出了一个小小的要求，请他们在一份呼吁安全驾驶的请愿书上签字。因为这个要求很容易办到，所以居民几乎都同意了。一段时间后，实验人员再向他们提出立告示牌的要求时，竟有 55% 的人接受了。

从这个案例可以看出，人们都希望自己的行为保持前后一致。前一组居民的同意率之所以仅有 17%，是因为一开始就被要求在家门口竖起一块又大又不美观的牌子。而后一组居民的同意率有 55%，是因为在竖牌子前，很多人签署过请愿书。也就是说，后一组居民在同意一个小要求后，会在潜意识里希望自己能够保持前后一致。

人们在生活、工作和学习中会有逃避困难的倾向。一般情况下，当被要求做难以达成的事情或是违反自己意愿的事情时，人们自然会拒绝。因为困难的事情既费力又费时，还未必能成功。可如果遇到一些很容易完成的小事情，又找不到理由拒绝时，人们就很容易接受。人一旦参与到某件事情时，就会为自己赋予一种使命感。这时候，再对其提出较难的要求，对方就会因为无形的压力而继续做下去。

《菜根谭》中说："攻人之恶勿太严，要思其堪受；教人之善勿太高，当使其可从。"管理者在管理过程中也可以将"登门槛效应"充分运用起来。分配工作的时候，当有比较困难的任务需要完成时，管理者就要遵循循序渐进原则，以便让员工更容易接受。

公司开始了一个新项目，管理者想让某个员工加入，但又怕他不愿意，就先要求他提供相关的资料，并请他谈谈对这项业务的理解，让项目组向他请教。接着，公司给他在项目组内安排了一个无须承担责任的岗位，按时将项目进度的报告发给他，并且就业务问题征求他的建议。当意见被采纳时，还会公开对他进行表扬。等到他对这个项目投入了大量时间后，又请他出席了项目会议，那时才要求他加入项目组，他很乐意地接受了。

这种方法不仅可以用来管理老员工，还可以用来培养新员工，这样既能让新员工逐步熟悉工作要求，又能让他们快速适应工作节奏，还能方便了解员工的实际能力和水平。

那么，管理者在运用“登门槛效应”时，都有哪些注意事项呢？

由少到多

就任务数量而言，如果员工一下子接到很多工作，肯定有意见。如果管理者在安排工作时，先交给员工一部分工作，完成后再交给他另外一部分，员工会更容易接受，而且心里也比较舒服。

由易到难

如果担心员工不愿意接受比较困难的任务，管理者可以先让员工做一件容易完成的小事情，完成后给予适当的鼓励，然后再让员工一点点前进，从而将难题解决。尤其是对新员工，更要安排他们从较容易的事开始。

分解目标

再困难的任务都可以分解成一个个小目标，变得具体且容易实现。比如，企业想要在下一年提高销售额，最终的销售额度可以看作终极目标，然后将这个额度按时间段分解成不同的阶段性目标，员工只要在每个时间段内完成既定目标，将小目标逐一实现，累积经验和成果，最终就能够实现终极目标。

如何有效警醒员工

“杀鸡儆猴”是一个成语，意思是训练猴子时，在它面前杀死一只公鸡，让猴子害怕，它才会乖乖听话。这个成语与“敲山震虎”的意思差不多，都是要以此起到震慑和预防的效果。

《三国志·蜀志》中说：“用兵之道，攻心为上，攻城为下。”管理者要让员工心服口服，才能巩固管理成效。

春秋时期，田穰苴被齐景公任命为将军，领兵迎战晋燕联军。景公的宠臣庄贾被钦点为监军。田穰苴和庄贾约定，第二天中午准时在营门集合出发。

第二天，田穰苴早早来到了军营。但是，到了约定的时间，田穰苴却未见到庄贾。田穰苴派人催了好几次，直到黄昏时分，庄贾才满身酒气来到营门外。原来，他刚刚结束和亲友的饯行宴，所以才会迟到。

庄贾仗着自己是景公的亲信，根本不把田穰苴放在眼里。田穰苴按照军法要将庄贾处死。庄贾吓得魂不附体，立刻派人向景公求救，还没等来救援，就被当众斩首了。

景公的使者来到军营，要求赦免庄贾。田穰苴不但予以拒绝，还要依照军纪将在军营中驱车的使者斩杀。最后念在使者奉君命而来，只是杀掉了他的仆人，砍断了马车左边的木柱。三军将士见此情景，再也没有人敢不遵将令。而田穰苴的军队也因为军纪严明，打了很多胜仗。

田穰苴出身低微，临危受命成为三军统帅，如果不采用一些强硬手段建立严明的纪律，将士们根本不会把他放在眼里。当军法形同虚设时，军队的战斗力自然会很差。

很多管理者会遇到不服从管理的员工，或是对规章制度阳奉阴违的员工，这其实是管理者缺乏令行禁止的能力。

企业最需要的就是效率。当有人违反规定时，管理者一定要严肃处理，确保规则制度的有效运行，保障团队效率不严重下降。

某公司被爆出员工受贿、泄露数据的丑闻。有些员工向外出售内部数据信息，还有些员工甚至收费帮助卖家删除差评。该公司随之展开调查，并在不久之后解雇了几名涉事员工。随后公司内部公开发表声明称："任何违反我们准则的人都会被追责，情节严重者会被解雇，以及承担法律和刑事责任。"这在一定程度上堵住了管理漏洞，维护了公司形象。

一个聪明的管理者，为了不让问题变得愈加严重，往往深谙适时运用

“以儆效尤”。通过严肃惩处违反公司制度的员工，可以有效遏制不良风气的滋生和扩散，从而以较低成本实现管理效益的最大化 。

使用这个方法时，管理者首先要选好对象，惩处对象的行为要具有代表性，且错误事实具有无可辩驳性，才能更好地起到警示作用。其次，被惩处对象的错误必须毫无争议，惩罚时才能名正言顺。此外，管理者指出员工错误时，要有理有据，才能起到警示作用。

惩罚只是完善团队的一个过程，而不是目的。“以儆效尤”虽然能够加强对员工的管控，有利于让众人信服企业规则，但不能滥用，否则就会落入“法不责众”的困境，导致管理困难。

那么，管理者如何才能有效达到警示作用呢？

对不服从的人：“枪打出头鸟”

管理者刚上任时，很容易遇到不配合的员工，甚至有些员工抱团违反公司管理制度。管理者可以重罚其中领头违纪的人，把他当作反面例子，对其他员工起到警示作用。一定要从严处置，这样才能避免“千里之堤，溃于蚁穴”的情况发生。

对重要员工：一视同仁

每个企业都会有老员工和核心员工，他们要么有过重要贡献，要么能力强，总之，对公司来说他们很重要。这类员工容易骄傲自大，会给别的员工带来不好的影响。当他们犯错时，管理者要一视同仁，这样才能让其他员工信服。

对亲信熟人：不要放纵

有些管理者是从基础岗位升入管理层，会有很多旧故，这些人可能会仗着曾经的关系无视公司的制度。这个时候，管理者不但不能碍于情面，反而应该斩钉截铁地依章办事，一旦对破坏制度的旧故置之不理，其他员工也会效仿。同样，亲近的人犯错，也不能够犹豫，处理时要从严从速，以免有包庇之嫌，影响后续管理工作。

对自身：绝不手软

公司的规定，管理者在任何时候都要带头遵守，如有违反，就要受到同样的处罚。如果因为自己的身份而不了了之，肯定难以服众。

春秋时期，晋国有一名狱官名叫李离。有一次，他审案时，误听了属下的一面之词，致使一人冤死。水落石出后，李离认为自己应该承担责任，自请死罪。晋文公说："官有贵贱，罚有轻重，这件错案是你属下的责任，又不是你的原因，大可不必如此。"李离说："狱官的位置是我在坐，我拿的俸禄也从没有分给属下一分一毫。现在犯了这么大的错误，要我全身而退，把责任推得一干二净，我是做不出来此事的。"说完，伏剑而死，以命抵罪。

当团队遇到困难和问题时，管理者要敢于挺身而出，承担起应有的责任，而不是推诿扯皮。勇于承担，对自己的错误绝不姑息，是对工作的高度敬畏和负责态度，也为员工树立了榜样。

如何处理员工之间的冲突

职场中，有些公司会有掺杂一些利益和纠葛的事情，同事之间的关系也复杂而微妙。所以，在团队运作过程中，有时会发现员工间存在着意见不合与冲突，导致团队偶尔出现凝聚力减弱的情况。

员工之间的冲突，大多是因为想法、期望和价值观不同。就其表现的形式而言，有些是摆在明面上的语言和肢体冲突，有些则通过明争暗斗、针锋相对的方式表现出来。面对员工的矛盾，管理者如果不能妥善处理，不仅影响团队的管理，还可能被卷进纷争，最终让自己被裹挟其中。

若无法妥善调和员工间的分歧，可能会导致团队内部形成小圈子，以及出现不必要的竞争与猜疑，进而给管理工作带来复杂性和不和谐的氛围。

其实，员工之间的矛盾虽然有不利之处，但并不是全无益处。管理者如果能够调解好员工间的对立，不仅能让矛盾双方对管理者心服口服，还能让他们彼此合作，互为工作中的强大助力。

有的企业，同事关系融洽，反而会出现相互包庇的情况。长此以往，管理者可能会对企业的真实情况一无所知。如果管理者能够巧妙转化员工间的对立关系，在平衡员工关系的同时，还能解决业务或管理等方面的问题，反而更有利于公司的发展。

当员工之间关系对立时，一个高明的管理者会通过调和之术平衡员工间的矛盾。如果员工之间出现关系对立，通常都会暴露一些问题，或许是团队管理问题，或许是业务本身问题。这时候如果管理者处理得当，不仅体现出管理有方，也能为团队创造更好的业绩。面对员工的矛盾，管理者不能畏惧、退缩或者视而不见，应该趁此机会，一举铲除问题的病灶，让企业的业务或管理水平更上一层楼。而且这样一来，以后再出现矛盾与争端，管理者也能更加轻松地应对了。

那么，在员工间出现矛盾的时候，管理者应该怎么做呢？

及时介入，深挖原因

当发现员工之间出现矛盾对立时，管理者应迅速介入。但不要急于判定谁对谁错，而是通过与双方分别沟通、观察工作场景中的互动等方式，深入挖掘矛盾产生的根源。是因为分工不合理，性格冲突，抑或利益分配不均？只有准确了解原因，才能有的放矢地解决问题。

促进积极合作的竞争关系

洞察员工矛盾后，管理者可以巧妙引导，将其转化为团队前进的助力。例如，在重要项目中，基于存在矛盾双方的专业能力，分配给他们既独立又紧密关联的任务板块。因为彼此存在矛盾，他们就会更用心对待自己负责的部分，力求做到尽善尽美，避免因自身失误影响项目的整体，同时也会在合理范围内关注对方工作，以确保项目衔接顺畅。在这个过程中，双方会逐渐意识到，只有相互配合，才能达成共同目标，从而不自觉地形成积极合作但又有竞争的关系，提升工作效能，携手推动项目迈向成功。

利用矛盾推动团队和业务

以员工间的矛盾为契机，审视和完善团队的规章制度与业务流程。若矛盾是因工作流程不清晰导致职责不清而产生，那么，就可以对业务流程进行梳理和优化，明确各环节的责任归属。如果是规章制度中对某些行为的界定和奖惩不够明确引发的矛盾，就对制度进行补充和完善。通过这种方式，把矛盾转化为团队进步的动力，将有助于提升整体的管理水平和工作效率。

怎样成为员工眼中的标杆

管理者要想调动员工工作的积极性，让企业产生凝聚力，必须重视“榜样效应”。管理者应该率先垂范，以此提高员工的责任感和主动性，让他们积极响应号召，和自己一起努力工作，为企业做出更多、更大的贡献。

某知名企业董事长倡导管理者要以身作则，为员工树立榜样。他对自己要求十分严格：每天，他是第一个走进办公室的；这样的习惯保持了几十年。他从来不迟到，也从来不请假。员工看到董事长如此自律，也纷纷向他学习。大家都变得十分敬业，这为企业带来了巨大的效益和进步。

管理者以身作则，就能够把这种工作热情传递给员工，从而调动他们的工作积极性，激发努力向上的干劲。用自己的行动来说服员工，让员工主动“跟着管理者做”，而不仅是“管理者让我做”，行动远比语言更有效。

对于员工来说，管理者是最好的老师。著名心理学家阿尔伯特·班杜拉曾说:“人类的大部分行为是通过观察榜样而学到的。”管理者若以身作则，并且做得卓有成效，则效法的员工亦不会逊色。

之所以这么说，是因为管理者在团队中虽然是少数，却处于决定性和关键性位置。员工怎么工作，全看管理者如何带领。管理者的行为和表现，会很大程度影响员工的行为和表现，也就是所谓的“上行下效”。工作中，员工会先看管理者怎么做，所以，管理者要做好表率，大家就会跟着学好的工作方法。

一个团队或企业，不能没有榜样。管理者除了善于发现员工中的好榜样，还要让自己成为榜样，并且时刻提醒自己。一来可以激励员工向好的方面发展；二来可以给员工提供一个好的标准，让员工不断进步。

某知名企业总经理严格遵守公司的各项规章制度。他曾经对公司的管理层说:“千言万语不如一个行动，管理最直接有效的方法，就是带着员工去做。”一天，他陪一名重要客户参观工厂。门口的警卫将他们拦住，说他们的粉色识别牌是行政人员的标志，不能进入厂区，想进入的话，必须换成蓝色识别牌。一旁的助理责怪警卫多事，警卫却不为所动，坚持按照公司规定执行。结果，这名总经理不仅没有指责警卫，还让随行人员都更换了识别牌。

管理者的言语和行为显示了他的个人魅力。在某种程度上，管理者的个人魅力比利益更能赢得人心。有魅力的管理者，会被员工视为“精神标杆”，能够激发他们无穷的力量和勇气，从而竭尽全力地工作，团队凝聚力也会变得更强。

值得注意的是，基层管理人员的标杆效应更应该被重视。他们对员工的影响更加重要。毕竟，相比高层管理人员，他们和基层员工的接触更为密切。如果他们能够展示正面形象，整个企业的氛围就会更加积极、健康。

那么，如何做好一个标杆管理者呢？

提高对自己的要求

成为标杆，管理者首先要提高对自己的要求，做到“严于律己，宽以待人”。管理者严格要求自己，员工看到之后，会更加心生敬佩，也不好意思降低对自己的标准，还会争取跟上管理者的步伐。

“己所不欲，勿施于人”，管理者做不到的事情，也就很难要求员工做到。在工作中，管理者对自己有一个比较高的标准，才有资格对员工提出高标准、严要求。

吸收别人的优点

想做一个标杆管理者，还要善于在企业内外寻找“标杆”，发现别人的优点，与自己的薄弱之处进行比较，不断改善和提升。唯有管理者不断自我突破，方能引领企业长远、稳健地成长。

身体力行地带领员工

制定再多的制度、设计再多的流程、开展再多的培训，也不如管理者自己去做。喊再多的口号，不如以身作则。在工作中，管理者可以把自己当作教练，除了听员工说、看员工做，还要身体力行地带领员工，让员工跟着自己做。管理者带头冲锋，员工才能不甘落后。

这样授权最有效

有些管理者对员工总是不放心，经常密切关注其工作动态；还有些管理者喜欢事必躬亲。这些做法既会让管理者身心疲惫，又会让员工满腹牢骚。

管理者的密切监督和严格控制，会让工作成为一种煎熬，员工也会逐渐失去工作热情和信心。管理者不仅要做事，还要能成事，应该学会向员工授权，管好该管的事，放下不该管的事，而不是放纵自己的控制欲，那样只会变得一意孤行。

刘邦正是靠“授权”才打败项羽的。

楚汉相争中，刘邦深知自身能力有限，要想战胜强大的项羽，必须依靠团队的力量。于是，他果断地将权力授予麾下能臣。

在军事战略上，刘邦赋予韩信重要的前线指挥权，使其得以施展军事才能。韩信奉命率军暗度陈仓、平定三秦，又通过背水之战击溃赵军，东进攻灭齐国，为刘邦在楚汉相争中奠定了关键优势。

在策略上，刘邦将张良作为重要谋士。鸿门宴上，张良凭借智慧，助刘邦化险为夷。在楚汉相争的关键决策时刻，张良总能提出精妙的计策，为刘邦指明方向。

在后勤保障与政务管理上，刘邦把关中地区的行政事务交给萧何。萧何精心治理关中，安抚百姓，制定律法，为前线源源不断地输送粮草、兵丁。虽然刘邦连年在外征战，后方却始终稳固。

正是因为刘邦懂得授权，让韩信、张良、萧何等人能够充分发挥各自的才能，形成强大的合力，才能成功击败西楚霸王项羽，建立了大汉王朝。

“授权”是指提高员工在工作上的决策权，并授予他们一定的责任和对资源的控制权。员工得到授权后，在自主性和独立性上会有很大的提升。有的管理者担心将权力赋予员工会有风险，如害怕大权旁落、担心员工把事情搞砸，因此紧抓权力不放，这其实是本末倒置的行为。

独享权力固然能确保自己的意志可以顺利贯彻，但是对于员工来说，却是一种强势的压制。员工得不到重视，无法实现自己的理想和抱负，时间一长，就会消极怠工。

权力总是与风险相伴。管理者一人专擅，相当于把团队的命运都押注在一个人身上。一旦这个人判断失误，就很容易出现满盘皆输的情况。假如能把权力分散，就可以在一定程度上减少因自己独断导致的损失，进而减少自己面临的风险。

授权能够得到员工的支持。因为授权是对员工能力的肯定和信任，员工得到授权会感谢管理者，会加倍投入到工作中，进而提升责任感和工作效率，更加积极主动地解决问题、寻找新的工作方法。

授权能让管理者腾出时间去做更重要的事情。授权给员工之后，管理者不用总是去做琐碎的事情，每天忙得热火朝天。要想做大事，管理者就要学会“分身术”，把自己从繁忙的事务中解放出来，才能去思考和处理有关企业的关键问题。

某酒店享有盛誉不只是源于全球众多的连锁店，更因为它有一流的服务品质。同时，该酒店给员工极大的授权空间，这一做法为人津津乐道。

比如，某位顾客住进该酒店，但凡发生任何一件令他不满意的事情，不管是房间里的小酒吧散发异味，还是其他不好的体验，只要他对服务员提出意见，服务员都会立刻帮他处理问题，无须请示管理者。

该酒店的管理理念是“让人人成为老板”。

在该酒店，工作人员有直接研判问题的自主权，可以选择适当的方式加以处理。他们每个人都拥有一笔酒店提供的预算，授权他们用于处理客户提出的各种意见，这笔不少于500美元的预算可以立即启用，甚至不需要开支票。

举个例子，如果房间里的小酒吧很脏，他们会立即派人来清理，并倒一杯表示歉意的酒，还给客人赠送饮料，再摆上一盘水果，以弥补给顾客造成的不便。

该酒店这样做的目的是使事情顺利地解决。这种做法将员工视为解决问题的钥匙，要求员工不只是做好自己的工作，还需要自己决定要用哪一种方式把工作做好。

管理者给员工授权时，首先要有足够的信任。其次，授权还要选对人，除了分工明确，还要考虑员工的人品、能力和责任心。

那么，在向下授权时，管理者要注意什么呢？

授权给有能力的人

有些员工能力比较强，却未必得到重用。时间久了，这些人要么变得躁动不安，要么选择离开。管理者如果能够大胆地起用他们，授予他们一定的职权，这些人或许就能成为自己的左膀右臂。

授权给立场坚定的人

对企业来说，员工有能力很重要，但同时也要拥护企业的价值观。管理者在授权之前，一定要先分辨员工的思想和立场是否坚定。如果对方思想游移不定，那让他掌握决策权无疑是一颗“定时炸弹”，到时候再后悔就来不及了。

授权给有德之人

无德的人得势后极可能背信弃义，即使没有背信弃义，也会倚仗公职为自己谋求私利，从而败坏管理者的名声，甚至影响整个企业的声誉。所以，管理者要授权给有德之人，他们不会滥用职权，能够完成管理者的重托，值得别人信任和尊重。

选择合适的工作进行授权

企业日常事务繁杂，一些简单、重复且风险低的工作可以授权给员工。另外，员工能够自行做好的工作、知道如何去做的工作也可以进行授权。

第9章

化解冲突，让矛盾双方都心服口服

怎样做到一碗水端平

在工作中，员工之间难免发生矛盾，而管理者日常工作中的重要部分就是处理员工之间的矛盾。然而，“劝架”并不容易，这就要求管理者在处理员工之间的矛盾时，要保持公正的态度，也要顾及双方的颜面，这样才能让团队氛围更加和谐。

春秋战国时期，韩国与赵国相争。为了取得胜利，两国各自派使者前往魏国，想向魏王借兵。可是，魏王回绝了两国使者的要求。两国使者无奈，只好悻悻而回。他们回国之后，才知道两个国家已经言和。原来，魏王早就派人前来调解矛盾。韩王和赵王都很感激魏王。

面对韩赵两国的矛盾和冲突，魏王没有直接介入，更没有参与其中，而是以公平、公正的原则，在其中充当“和事佬”。他通过巧妙的调停和周旋，最终帮助矛盾双方和解，而且在事件中一直处于主导地位，不得不说这样做很高明。

员工之间有了矛盾，管理者应该向魏王学习，不能视而不见、听而不闻，也不能不分青红皂白直接批评、处罚，而是要一视同仁，争取轻松化解双方的矛盾，并且在过程中赢得员工的尊重。

要想在解决矛盾时做到一视同仁，管理者首先要明确自己的角色和职责。员工发生矛盾时，管理者应该是“中间人”的身份，而不是想着和谁的关系比较好就袒护谁。解决矛盾的时候，若是把个人情感和好恶掺杂进去，就会影响看待问题的眼光。管理者一旦有失公允，偏袒一方，另一方也会对管理者心生怨念，本来很容易解决的矛盾，也会变得错综复杂。

比如，企业的老员工和新员工就很容易出现矛盾。新员工觉得老员工阻碍了晋升之路，抱怨老员工没有作为、居功自傲；老员工认为新员工威胁到自己的地位，觉得新员工不安分、不尊重前辈。归根结底，都是因为觉得自己没有被公平对待。

当新、老员工发生矛盾，管理者在处理时就不能只讲情面。如果碍于情面而宽容新员工或者放纵老员工，最后的结果可能是两边都不满意。所以，管理者在解决矛盾的时候，要抛开员工的身份，回归矛盾的本质，才能做到公平公正。

管理者在解决矛盾之前，要做好调查和分析，不能单凭自己的经验和推断来轻易判断谁是谁非，而要具体情况具体分析，弄清楚事情的来龙去脉，否则就可能冤枉其中一方。

要想在解决矛盾时做到一视同仁，管理者应该了解并尊重每个员工的特点，包括性别、年龄、文化程度、性格等方面。社会是多元的，企业内部也不是单一的。管理者应该尽量采用公正、平等、客观的态度和方法，不要因为自己的偏见或者主观上的想法就随便做出处理，否则不仅无法化解矛盾，还有可能引发更大的分歧。

此外，管理者不能只考虑某个员工的利益，而是要综合考虑整个团队和企业的利益。假如忽略了整体利益，员工个人虽然得利，却不利于企业长远利益和发展。

那么，当员工发生矛盾时，管理者怎样才能做到公平公正呢？

倾听双方的意见

管理者要倾听员工双方的声音，关注他们的诉求，并且表示尊重。如果只听一方的意见，管理者就做不到全面考量，处理时容易有所欠缺。管理者可以和矛盾双方分别谈话，这样可避免双方争吵导致场面混乱，而无法解决问题。

确定责任方

在处理员工矛盾时，管理者要确定责任归咎后，再采取相应的措施，比如对过错方扣发奖金、停职、调岗，甚至予以解雇。管理者如果没厘清责任，就“各打五十大板”，其中一方就会认为自己受到了不公平的对待。

以企业制度为准

在处理过程中，管理者应该一切以企业的规章制度为基础。如果忽视制度，过于倚重“人治”，管理者不仅有失公允，员工还容易质疑。当然，这样做的前提是企业的规章制度是合理的，这样才能让员工心服口服。

公开协商，让双方把问题透明化

员工之间出现矛盾和冲突，沟通和协商是非常重要的环节。管理者可以将矛盾双方召集到一起，进行面对面的交流。通过积极的沟通和交流、诚实和开放的对话，加深矛盾双方的相互理解，共同寻求解决问题的方法。

一家小型公司承接了一个新的项目，业务量显著增加。但是公司的销售部和市场部之间存在矛盾，所以部门间的沟通与合作并不顺畅。总经理觉得这样下去会影响项目推进，决定尽快解决这个问题。

总经理将两个部门召集到一起开会，让每个人都对此陈述了自己的看法。通过这个方法，总经理了解到矛盾的成因在于两个部门互不了解，缺乏沟通，彼此都认为对方的工作方式有问题。

总经理想出了办法来解决这个问题。他专门对两个部门进行了一次培训，帮助他们了解彼此的工作职责，促使他们理解和尊重对方的工作。公司还专门搭建了交流平台，并定期组织工作会议，让两个部门间的沟通更顺畅。另外，公司还制定了相关的奖励制度，鼓励员工互相支持、互相帮助，促使部门间的协作变得更顺畅。

员工发生矛盾之初，管理者就要及时注意到，尽快促使双方沟通协商，在众多化解矛盾的方式中，这是最有效的一种。在公开协商的过程中，管理者可以发现和分析矛盾产生与发展的原因。

一般来说，员工之间的矛盾和冲突，起因多是工作中的问题。比如，员工之间因为不了解对方的工作而产生误会，或是因为部门和员工职责不明，导致某项工作没人做或重复做。还有些员工对自身的定位不清晰，擅自插手别人的工作，也会引发冲突。

利益冲突同样会导致矛盾产生。利益通常分为直接利益和间接利益，前者比较直观，如薪资、奖金、福利待遇等；后者则比较隐性，如培训、学习机会等。

竞争也是引起冲突的原因。员工在职场中是竞争关系，竞争的核心就是企业内外部的各种资源，特别是稀缺性资源，如晋升机会、客户资源等。员工之间很容易因为竞争而产生各种形式的争斗。

处事方法的不同也会引发矛盾。每个人的处事方式各有不同，这是由个人性格、认知所决定的，并没有绝对的对错。

还有些冲突来自个人的情绪。当某个员工心情不快时，若此时遭遇指责或挑衅，就很容易发生冲突，甚至导致情绪升级，进而引发更大的矛盾。

沟通和交流能够给双方提供解决问题的机会。在沟通过程中，矛盾双方可以将相关的事实和感受如实呈现，清楚明确地表达彼此的观点和合理的诉求。经过交流，最终达成一致的意见和方案。

沟通和交流能够减轻员工间的不和。无论是部门之间主动协商，还是管理者进行调解，矛盾双方都能够更好地理解彼此，做到互相谅解，互让一步，最终达成和解。

沟通和交流能够防止冲突升级。有的管理者认为有冲突就是不和谐，或是出于不得罪人的顾虑，避免将矛盾公开，只为了维持表面的风平浪静，却忽视了暗潮早已汹涌。有的员工对待矛盾很消极，要么觉得没必要计较，进而妥协或回避，要么因气愤暗中较劲。这些做法都“治标不治本”。与其等到积怨过深、矛盾激化到不可调和的地步，不如尽早协商，彻底解决。

管理者在帮助员工协调矛盾时，应该怎么做呢?

让双方就观点进行辩论

表面的一团和气解决不了问题。要想彻底解决矛盾，就不要害怕分歧和冲突。管理者可以让矛盾双方就自己的观点进行公开辩论，当面阐述自己的观点，避免私下挟怨报复。而且，在辩论的时候，双方要客观公正，只谈事实和观点，不能情绪化地进行人身攻击。

为双方分析利害关系

管理者在协调员工矛盾时，要为他们分析其中的利害关系。和则互惠互利，斗则两败俱伤。让他们知道一直争斗下去会导致什么结果、团结协作会带来什么好处，再引导他们适当让步，维护共同的利益。

员工情绪失控时，不宜讲道理

无论是员工之间，还是管理者和员工之间，当发生矛盾或摩擦的时候，都很容易出现情绪激动的情况。面对情绪激动的员工，管理者不要试图讲大道理，因为此时越讲道理，对方越听不进去。

> 电视剧《欢乐颂》中，安迪和魏渭相识相恋，但是两个人在沟通方式上存在很大问题。当安迪情绪崩溃的时候，魏渭只会给她讲道理。虽然这些道理很正确，但是安迪此时根本听不进去。魏渭的做法，让安迪觉得自己没有得到理解和支持。这种沟通障碍最终导致他们分手。

相比于生活中的关系，工作中确实需要更理智。当员工情绪失控时，讲道理无异于火上浇油。他们本来就想把负面情绪释放出来，此时讲道理无异于逼迫他们又把情绪压回心里。他们原本希望得到情绪和情感上的理解与支持，讲道理的人非但没有顾及这些，反而想让他们按照自己说的去做，无形中会让双方产生心理上的距离感。这时候，员工内心的压力会变得更大，情绪会更加激动。

当情绪失控的时候，人会处于不稳定的状态，完全失去理性，就算身边的人跟他说什么金玉良言，也完全接收不到。而且，当两个员工情绪都很激动的时候，管理者讲的道理再正确、态度再公正，也总有一方认为是在偏袒另一方，从而引发更大的矛盾。这个时候讲道理，也容易让员工觉得管理者是在指手画脚，不但无法解决问题，还会引起情绪上的对抗。

管理者还要注意说话方式。说教的口吻往往会在言辞中带有一种优越感，给人自以为是、好为人师的感觉，让员工感到不舒服。

员工情绪不好时，管理者要换位思考。管理者只有站在员工的视角和立场去思考，才能明白他们的想法，了解他们的需求和感受，理解他们的行为，最终解决他们遇到的问题。

陈天一大早急着去上班，等他从公交车上下来时，却发现手机和钱包都丢了。他紧赶慢赶到了公司，还是迟到了。陈天正在为失去全勤奖而生气，一旁的同事却拿这事和他开玩笑，他一听就火了，于是两个人吵了起来。

部门经理发现后，及时制止了他们，让两个人都先冷静一下。中午休息时，经理把陈天叫到自己的办公室，得知他丢了手机和钱包，先是表示理解，说丢东西心情肯定不好，何况是那么重要的东西。陈天为上午吵架的事有点不好意思，经理劝他不要纠结这些不顺心的事。经理又找了陈天的同事谈话，他把陈天的遭遇告诉了同事，同事表示理解。就这样，两个人握手言和。

员工情绪不稳定的时候，高情商的管理者会把关注点放在员工的情绪和感受上，做到理解和共情，帮助他们先平复情绪；等到他们冷静下来，管理者再去和他们一起分析问题，寻求解决办法，这样便可以将矛盾消灭在初始阶段。

那么，在员工情绪爆发的时候，管理者应该怎么做呢？

冷处理

假如管理者是矛盾的一方，可以先让自己冷静下来，同时，也让员工先冷静一下，把事情放一放再去解决，避免矛盾升级。

员工之间有矛盾时，管理者也可以用冷处理的方法。冷处理后，假如两个有矛盾的员工都意识到自己不对，还有所反省，就可以和他们分别谈话，然后再给予安慰和提点，让他们彼此道歉，从而化解矛盾。

冷处理后，只有一方意识到自己不对，管理者可以将一方的反省告诉另一方。一般情况下，一方主动承认错误，另一方也会放下成见，不再对抗。矛盾也就能平息下来。

假如两个员工都觉得自己没错，管理者应清晰阐述利害关系，使员工更容易理解和接受。

那么，在员工倾诉时，管理者应该怎样面对呢？

认真倾听员工讲话

给予员工足够的尊重，认真倾听、积极关注，并与他们共情，相信他们可以疗愈自己，找出解决的方法。

员工有情绪时，管理者要让员工袒露内心的感受和真实的需求。等他们把情绪宣泄出来，心情自然就平复了，那时再和他们摆事实、讲道理。

避免极端化和推卸责任的言语

管理者要避免使用极端化的词语，比如用“总是”“简直”之类的词指责员工：“你怎么总是控制不了自己的脾气？”“你这样大吵大闹，简直太丢人了。”还要避免把责任推到某个员工身上，比如“你再这样，我就要处罚你了”“你早就该反思自己了”，这样的说法只会增强员工的不满情绪。

主动与员工沟通

工作中，有时候我们觉得对方不好相处，很可能是由于个人先入为主的偏见造成的。当领导者发觉员工对自己有误解，或由于员工的偏见而把你视为不好相处的人时，你必须主动与其沟通，设法消除彼此的成见。管理者应更加关注员工的整体表现、长远发展和本质特征，而不仅仅是眼前的表面现象。既然大家同属于一个公司，无法避免接触，唯有双方通过沟通，解开彼此的心结，才是根本的解决之道。

面对员工的不满，该如何化解

身为管理者，难免会遇到员工对自己不满的情况。有的管理者认为对自己没有影响，于是熟视无睹，听之任之；也有的管理者觉得没什么大不了，就采取轻率敷衍的态度。这样想就错了。

员工一旦产生不满，有可能会表现出来：轻则态度不好、不服从管理、消极怠工，重则公开反对管理者，甚至蓄意制造事端。这种行为不仅会影响整个团队的效率，还会给工作氛围带来负面影响。因此，管理者应该重视员工的不满情绪，并及时化解。

某公司老总有一段时间几乎每天晚上都和各层级主管一起用餐，并且聊到很晚。一次，他注意到一个年轻人有些闷闷不乐，就上前询问，鼓励他说出心里话。

年轻人喝了几杯酒后，打开了话匣子："加入这家公司以前，我认为这是家了不起的公司，也是我唯一想加入的公司。但是入职后，我的职位低，我觉得我只是在为直属上司卖命，而不是为了公司，好像我的上司就代表了公司。我做的每件事、提的每个建议，都要由他来决定，可是这个人却没有能力，我实在担心自己的前途，对现在感到很失望。”

老总没有轻视员工的不满情绪，反而觉得发泄出来有利于公司的进步。他下令在公司内部发行周刊，并在上面刊登公司内部空缺的职位，鼓励对上级不满的员工主动寻找适合自己的职位，这样一来，既减少了上下级的冲突，又避免了人才的浪费。

员工不尊重管理者，不服从管理，大多数情况和工作有关。不过，其中的原因有很多种，管理者先要找出根源，才能有针对性地加以解决。

有些员工性格耿直，喜欢反驳别人，不仅反驳管理者，还反驳和他想法不一样的人；觉得不公平时，他也会提出抗议。有些员工认为自己在企业无可替代，不仅敢和上级叫板，就连高层也不放在眼里。有些员工觉得自己受了委屈，所以想要发泄出来。有些员工的无礼和发难，就是想试探规则的底线。还有些员工就是想要在跳槽之前发泄一下自己对公司的不满。

除员工的原因外，管理者也要从自身找原因。可能是管理者急于完成工作，没有尊重员工，也没有顾及员工的感受，更没有从员工的角度来考虑问题。有些管理者控制欲强，总喜欢用自己的标准来要求员工，把自己认为对的事情强加于人，忽视了员工的意见和看法。

高明的管理者会尽量避免员工对自己产生不满。因为一旦员工的不满演变为公开的冲突，处理难度将大幅增加。在员工的情绪爆发之前，管理者其实有充足的时间发现他的情绪问题，并想办法处理，不让矛盾激化。

如果发现了员工对自己心存不满，管理者首先应该严肃地对待，让员工感觉到自己对他的重视，而不能认为员工小题大做，甚至认为他无事生非。

管理者如果漠视或粗暴对待，只会激起员工的反抗情绪。就算不知道员工的态度从何而来，但只要员工有所表现，管理者也要把它当作一个重要的问题去处理。只要管理者有这种态度，即使还没有处理，也能安抚员工的情绪，甚至让员工直接选择平息此事。

那么，管理者面对员工的不满，该如何去化解呢？

单独沟通

要想化解和员工的矛盾，管理者最好在自己的办公室和员工单独沟通。若在公开场合发生争执，无论结果如何，都有利弊：若员工被压制，领导者易被诟病专横独裁；若员工处于上风，则会导致管理者的威望受损。不管员工的情绪有没有发泄，管理者都可以请其到办公室交流，一来可以冷静地沟通，避免情绪失控，二来没有旁人围观，更方便双方直言不讳，提升沟通效率。

了解不满的原因

如果员工情绪激动，管理者可以先让他冷静一会儿，整理下思路，然后再讨论。如果员工很平静，应让他尽情地倾诉。在此过程中，管理者要认真倾听，即使不认可对方的观点，也应等其充分表达后再表态，切忌反驳。知道员工的想法，了解他为何不满，才能敲定下一步的解决措施。如果员工的表达比较隐晦，管理者还要探究他隐含之意，最终了解他不满的根源。

控制情绪

无论员工有多大的不满，管理者都要控制情绪，尽可能在态度上保持平和，语气上保持平静。避免刺激员工，否则自己也可能会做出错误的决定。管理者一旦发现自己不能控制情绪，一定要先平静下来，等情绪稳定了再沟通。

第10章

对症下药，搞定不同类型的员工

如何管理“不差钱”的员工

人拼命赚钱是为了什么？是为了养家，还房贷、车贷，他们努力工作是想要竭尽全力地增加收入。但是，总有一些“不差钱”的员工，这些人要么有财力，要么有能力。总之，他们有退路，也有其他选择。

对于“不差钱”的员工来说，薪资多少不再是最重要的事情。管理者在面对这些员工时，不能再采用生硬、简单的方式，否则不仅达不到效果，甚至还会适得其反。

公司新招进来一个叫赵彬的大学生。他刚进公司，就被分到业务部刘经理的部门。刘经理看赵彬全身上下都是名牌，还拿着最新款手机，又看到他开着豪车上下班，就知道他家境富裕。

刘经理觉得赵彬这样的员工恐怕不太好管，在日常工作中就很注意他。赵彬刚工作时，表现还可以，每天准时上下班，让他做的工作也能保质保量完成。后来，赵彬大概是觉得工作没什么意思，就有些偷懒了。刘经理发现后经常批评他，最后决定扣掉他当月的奖金以示警告。

没想到，赵彬满不在乎地说：“不就是2000块钱吗？我来这儿就是为了打发时间，不在乎你这点钱。”这下刘经理开始发愁了，不知道以后要怎么管理像赵彬这样的员工。

在管理员工时，很多管理者首选使用“钱”这个手段。诚然，很多时候薪资待遇上的奖励和惩罚很有效果。可是遇到“不差钱”的员工，工资、奖金在他们眼里不再是考虑的首选项，要想通过扣钱的方式提醒他们或是调动其积极性，也许很难达到目的。有些人甚至会产生反抗心理，不配合管理者的工作。其他员工听到、看到，也会受到负面影响。

要想管理“不差钱”的员工，管理者首先要了解他们的特点。一般来说，“不差钱”的员工通常包括两类：第一种是家境富裕的员工，他们的薪水虽然不高，但是生活条件优越。他们之所以来上班，可能是父母不想让他们闲着，也可能是他们自己想找点事情做。这些人更看重舒适的工作环境和稳定的福利待遇，不追求奖金、升职、加薪。他们对工作没太大的冲劲，只追求舒适和愉悦。第二种是已经积累了一定财富的员工或是有其他收入的员工。他们的财务状况相对不错，对于钱财的需求有所降低。他们注重身体健康，希望能够安稳退休，期望工作和生活能够平衡，他们更看重工作中的成就感和满足感。

员工来企业上班，如果不只是为了薪资，必然有其他理由，有可能是觉得企业氛围好、和同事相处很开心、工作能满足兴趣爱好、能实现自身的价值、能在工作中获得提升，等等。

管理者想要管理“不差钱”的员工，就需要了解员工的职业需求是什么，给予他们更多的机会和资源供他们发挥才能。

赚钱多少对“不差钱”的员工来说不是首选，心理感受才更重要。管理者可以在日常工作中多给予员工赞扬、鼓励、关怀和理解，使其感受到企业对他们的尊重和认同，在内心和企业建立起感情。

那么，想要管理好“不差钱”员工，管理者可以采取哪些针对性的方法呢？

提供有挑战性的工作

想要激发员工的积极性，管理者可以安排一些有挑战性的工作，帮助他们在工作中证明自己，获得成就感和认可。还可以用荣誉表彰和发展机会来激励他们积极工作，鼓励他们在工作中成长，提升个人价值。

认可员工的价值和能力

管理者可以安排员工分享工作中的经验和教训，鼓励他们将经验传授给新员工，或是请他们带新人。这些方式都可以证明他们的能力和价值，他们如果看重这个，就会愿意为此付出更多，以获得别人的尊重和认可。

有些老员工可能不太适合新的工作或是学新东西比较慢，那就可以请他们利用自身的经验，帮助企业出谋划策。

提供学习和培训的机会

管理者可以给年轻员工提供学习和培训的机会，包括参与新的项目、和业内大咖交流等机会，满足他们求知和开阔眼界的需求，并且通过这些方式鼓励他们不断学习和提升自己，让他们感受到企业的培养和重视。

不只是年轻员工，老员工也可以通过学习和培训改变观念，收获成长，跟上企业和时代的发展，继续为企业做贡献，甚至成为中流砥柱。

如何管理有资源的员工

在企业中，面对一些有一定社会关系、有资源的员工，管理者总感觉束手无策，甚至有的管理者担心一旦处理不当会惹上麻烦。

对待这样的员工，假如他的工作能力强，管理者可以重用和提拔，不仅对工作有利，还能为企业积累资源；如果他的能力平平，但工作勤勉，管理者只需要让他们安心工作即可；但如果他的能力不够出色，工作也不积极，管理者就要采取适当的方法来妥善应对。

陈章是采购部经理。他有一个员工叫李杰，是总经理的远房亲戚。李杰平时的工作并不多，却总是应付了事，也不遵守纪律，大家对他的意见很大。

陈章先是和李杰私下谈话，提醒他注意公司的规章制度，但他仍旧不改。其他员工看到这种情况都议论纷纷，因此陈章对李杰提出了警告，李杰依然不当回事。陈章就李杰的事情和总经理做了沟通，表示李杰再违反规定就要对他进行处罚。总经理表示支持陈章的决定。

李杰在一项重要工作中再次违反了规定，陈章按照制度扣掉了他一部分奖金。李杰跑到总经理那里告状。不过因为陈章事先和总经理有过沟通，总经理就把李杰狠狠地批评了一顿。这次之后，李杰的表现好了很多。

面对有一定社会关系的员工，管理者要根据企业情况和员工的具体情况，采取不同的管理方法。总的来说，管理者还是要团结全体员工。但是如果有些员工倚仗自己有一定社会关系，总是趾高气扬，或是犯了严重错误，管理者也不能纵容。

有些管理者在对待这些“特殊”员工时经常犯两个错误：

第一个错误是管理者过于强硬。有的管理者比较强势，为了维护自己的威信，也为了维护规章制度，会当众严肃地批评他们，并且进行处罚。这种直接撕破脸、不留余地的做法，虽然能体现公平，但很可能和员工交恶，容易留下其他隐患。

第二个错误是维护有一定社会关系的员工。管理者期望员工能够给企业带来便利和资源，将他们视作企业的“重要人物”。在这种认知的影响下，他们的地位就超越了其他人。犯错时，管理者会睁一只眼闭一只眼，甚至故意包庇，导致在基层管理中出现赏罚不明、奖惩不均的现象，这样不仅影响了企业内部的公平公正，让其他员工感到不满，也直接影响了管理者的权威。

管理者尽量不要和有一定社会关系的员工发生摩擦，是因为他们在企业内外有千丝万缕的联系，比如和某位领导、某个大客户有直接或间接的关系，那么“不看僧面看佛面”，管理者要用自己的智慧与他们相处。

还有些员工手里拥有企业需要的资源，比如他的亲友可以给企业的业务带来便利，或是能够帮企业得到更多订单。这样的员工，管理者也不能轻易与其产生冲突，否则不仅不利于工作，还会给企业带来麻烦。

管理者最好提前和有一定社会关系的员工推心置腹地沟通一下，争取对他们有更多的了解。了解得越多，才能有针对性地制订管理方法。而且，还能针对他们的情况，安排合适的工作内容和工作量。

那么，在职场上，管理者如何和有一定社会关系的员工相处呢？

惩一儆百

管理者可以借纠正没有社会关系的员工的错误来警示那些有一定社会关系的员工，提醒他们做好本职工作，对待分配的工作一定要认真完成。否则，无论他们的后台是谁，只要犯了错误，违反了制度，都会严惩不贷。

事先和员工关系密切的上级沟通

若有一定社会关系的员工总犯错或故意挑衅，管理者要提前和与其关系密切的上级进行沟通，说明自己目前的困境，征求他们的意见，并寻求帮助。一般情况下，他们会对这些员工进行严厉的批评。即使没有批评，出于面子，他们也会支持管理者必要时处罚这些员工，使其有所收敛。

如何对待有野心的员工

“野心”，这里可以理解为上进心。也就是说，这样的员工，不需要去激励他，也不需要借助外力，他就有足够强的自驱力。这类员工往往有才华和能力，在工作上可以创造许多价值。有他们在，对管理者乃至整个团队来说都是有好处的。

但是，有才华的人往往有个性，他们未必言听计从，很容易对管理者的某些决策不认可、不愿意接受。面对这种员工，管理者要注意沟通方式和处理方法，否则就会出现对自己不利的情况。

《资治通鉴·秦纪》中说，秦二世二年（前 208 年），吴广率起义军围攻荥阳，但久攻不下。他手下的将军田臧和其他人密谋：“我们围攻荥阳城不下，等秦军一到，必定会将我们打败。倒不如留一小部分兵力围守荥阳，调动全部精兵迎击秦军。但是现在代表楚王陈胜的吴广高傲自大，根本不懂得灵活用兵，我们不能和他商量，否则容易坏事。”

田臧和其他人一起假传陈胜的命令杀了吴广，又将吴广的头颅献给了陈胜。陈胜要依靠田臧去抵挡秦军的进攻，因此不但没有惩罚他，还派使者将楚令尹的官印赐给他，并任命他为上将军。

田臧为什么要杀吴广呢？因为他是一个野心勃勃的人，认为吴广的能力不如自己。他不愿意屈居吴广之下，认为只有杀掉吴广，自己才有出头之日。从这个结果可以看出，吴广对这个属下并不了解，也没有正确地对待他，才使属下心生不满，从而招来杀身之祸。

管理者感觉到员工有野心时，首先要弄清楚他的需求是什么，是获得表扬、荣誉，还是升职、加薪。只有充分了解才能满足员工的需求，并且更好地和他相处。这需要真诚的沟通，一方面能了解员工，另一方面也许能化解心结。

有些员工很聪明，但是不太愿意服从企业的管理制度。管理者可以采用“恩威并重”的方法，如果员工听从安排，完成工作，可以给他认可、荣誉和奖励。通过满足双方的需求，达到双赢的目的，让双方都满意。

有些员工在企业中的资历较深，在面对资历不如自己的管理者时，心里会有些不舒服，甚至会有情绪。管理者在面对这些员工时，要做到有限度的“忍让”，管理时要做到尊敬而不迁就、宽容而不放纵。

部分员工可能会对上司的职位表现出浓厚兴趣，内心期望能够获得晋升并担任更高层级的管理岗位。其实这是职场中较为常见的现象，当管理者发现员工显露出试图向上发展的强烈意愿时，无须为此感到诧异。企业中，基层管理者、中层管理者和高层管理者的位置，都不是不可替代的。员工在企业工作，无非是想谋求升职和进步。若员工有这种想法，至少说明员工有进取心。此时，管理者不妨引导和激励员工，同时自己在工作上也需要做得更出色。

面对这种情况，管理者首先要内心强大起来，树立信心，自己某些方面的能力也许确实不如员工，但是既然处在这个位置，就要当仁不让。其次，管理者要不断提升自己的工作能力，否则就难以服众。

如果员工表现出不尊重、不配合的态度，甚至影响了工作的正常推进，管理者除公事公办之外，还可以根据情况，对员工采取一些制约的方法。

还有些员工有更大的追求。这种人志向高远，可能不会在企业工作很长时间。对于这类员工，管理者可以培养他们，让其发挥作用。这样当他们离开公司的时候，会和管理者保持良好的关系，说不定在将来还有机会建立良好的合作关系。

有的员工虽然野心勃勃，但是能力却很平庸。如果态度良好，可以根据情况安排合适的工作；如果态度不佳，就不要再留用了。

那么，员工有野心的时候，管理者该如何对待呢？

严肃处理员工的失误

一些有野心的人容易傲慢不羁。对于这类员工，富有智慧的管理者，不会直接针锋相对，而是巧妙地运用沟通与激励策略。傲慢不羁的性格会让员工多有疏漏，等到恰当的时候，就需要对其进行严肃处理，如通报批评、扣除奖金等，借此让他明白自己的野心要用到恰当的地方。

培养人才

如果员工有才能，做事情积极主动且品德优良，管理者可以一边观察一边培养他。比如排除所有干扰，给员工实战的机会和施展才华的平台，让他做擅长的事情，给他表现的机会；还可适当地赋予权力，同时也要给他一定的压力。在关键时刻帮助和启发他，让他快速成长，成为团队和企业的得力干将。

合理分配职权

有的员工会因为权力过大，私欲膨胀，开始想入非非。管理者面对这种情况，就要重新调配工作，比如安排人去协助他，将他手中的部分权力分散。通过这种调节方法，达到权力的平衡，促进企业良性发展，及时阻止他对企业做出不利的事情。

设立竞争对手

对于某些能力强、野心大的员工，管理者可以运用竞争策略。通过竞争，一方面可以促进竞争方共同奋勇前进，另一方面还可以让这个野心大的员工更准确地了解自己的实力，摆正自己的位置。

如何管理新生代员工

网络上曾经有这样一个段子:“60后”,不知道什么是辞职;“70后”,要问为什么辞职;“80后”,有人出高工资才辞职;“90后”,干得不开心就辞职;“00后”,老板不听我的就辞职。大家听完大多会心一笑,但是这也凸显了新生代人群在职场中的现状。

很多管理者会吐槽“90后”“00后”非常难管,他们很有个性,“说不得,动不动就要辞职”,管理者对此头疼不已。其实,“90后”和“00后”现在已经成为职场不可忽视的力量。管理者想要他们配合工作,就要做到与时俱进,用他们更能接受的方式来进行管理。

有一位颇具声名的将军,奉命组建一支新军。队伍里有很多年轻气盛、不服管教、充满想法的新兵。训练时,将军并没有一味采用传统、严苛的练兵方式,而是先了解每个新兵的志向和特长。比如有个新兵擅长跑步,将军便安排他在奔袭任务中发挥优势。

将军经常与新兵打成一片,不仅同吃同睡,还耐心倾听他们对于战术的看法，对于新兵的合理建议，更是大胆采纳。有一次，一个小兵提出了一个颇具创意的布阵思路，将军经过考量，决定在一次小规模的战斗中试用，结果大获全胜！

这一举动让所有的新兵备受鼓舞，大家从此更是对将军唯命是从。在将军独特的带兵思路下，这支新军迅速成长为一支战斗力极强的队伍，在战场上屡立战功。

要想将“90后”和“00后”用好、用对，首先要了解他们的特点。他们成长于社会稳定、物质丰富的时代，家庭条件相对优越，再加上高等教育的普及和互联网的飞速发展，他们普遍受教育程度比较高，崇尚自由、追求个性，也有很强的创新和创造力。同时，这也造就了他们个人意识强、不崇拜权威、不喜欢被束缚等特点。

因此，“90后”和“00后”的职业动机也有所不同。对他们来说，工作不只是谋生的手段，还要能实现价值感、提供认同感和满足幸福感，并且能够达到工作和生活的平衡。相比于成为一颗“螺丝钉”，他们更愿意成为工作的主人，更愿意接受有创造性和挑战性的工作。他们讨厌强制性规定，更不愿意接受不公平的待遇。一旦遇到这些问题，他们要么主动理论，为自己争取权益；要么消极对抗，甚至干脆辞职。

在工作时，他们会追求个人价值和兴趣爱好，更看重企业和行业的前景，也更关注自己的晋升通道和发展空间。薪酬待遇对他们而言虽然也很重要，但是如果不能激励他们，他们也会选择离职。他们希望在工作中学到东西，只要喜欢这份工作，就不在乎加班。他们更喜欢简单的职场关系，更愿意追随专业能力强的管理者。

管理者在面对这类员工时，应该转变管理思维和管理方式，放弃标准化的管理。传统的管理方式中，一味地要求员工遵守规章制度，容易把团队塑造得死板，无法激发员工的潜能，也调动不了员工的积极性。

管理不是“管理人”，而是“领导人”。管理者想要激励“90后”和“00后”的员工，只能靠鼓励、引导和推动，这样才能强化他们工作的责任感和内在动机，让他们更好地投入到工作中。

那么，管理者应该如何对待“90后”和“00后”这些职场中的主力军呢？

用愿景引导

在带领他们时，管理者要先设定团队目标，然后将团队目标和个人目标结合起来，唤醒员工对实现目标的渴望，激发他们内心的动力。在这个过程中，要注意公平公正，这样才能让他们信服。

让人与事匹配

“90后”和“00后”员工更希望做适合自己以及自己喜欢的工作，这就需要管理者做到让合适的人去做合适的工作，发挥每个员工的能力和特长，尽量达到人尽其才的目的。要想达到这个目的，管理者除了要对员工进行考察外，还要了解每个岗位的职责。

引起他们的崇拜之情

想让“90后”和“00后”心悦诚服，管理者必须拿出自己的真本领，不管是对外的沟通能力，还是领导能力，或者是处理工作的能力，只要能够让他们产生发自心底的认同，他们就愿意在领导的带领下前行。

怎样淘汰不合格的员工

招聘到合适的员工并不容易，很多管理者为了留住人才，会尽量包容员工的小错误。但是，有些员工对此不以为意，甚至会做出不利于企业的行为。管理者在遇到这种员工时，就要尽快将其淘汰。

一个刚刚进入职场的年轻女孩在某家通信公司找到了一份工作，公司与她约定了为期 3 个月的试用期。但是，在 51 个工作日的试用期内，她竟然迟到 25 次，每次不是因为没听见闹钟，就是因为交通堵塞或寻找车位。公司认为她在试用期内多次迟到，已经违反了考勤管理制度。根据规章制度，公司决定将她辞退。女孩不服，将公司告到法院。最终经过法院的审理，判决公司解除劳动合同不违反法律规定。

偶尔迟到并不是大事，但这种情况完全可以预见并且避免。经常迟到，不仅反映出女孩对这个问题的不重视，还代表她缺乏纪律性和责任感。公司正是看到这一点，才决定将她辞退。

传统观点认为，解雇员工会对团队和企业产生消极影响，因为企业需要重新招聘、选拔和培训新员工，还会因为交接、工作中断等影响工作效率。从短期来看，这种情况不可避免；但是从长期来看，解雇不合格的员工对团队和企业来说是有益的。

企业可以通过解聘员工，优化企业内部的员工结构。当企业内部的员工能够心往一处想、劲往一处使的时候，业绩就会不断地提升。有些企业存在很多低效率员工，解雇他们，整体效率才能得到提升。

将不合格的员工解雇，还能为其他人提供机会。企业可以招聘新的员工来替代空缺位置。而且这些人离开后，也不会占用企业内部的晋升机会，其他有能力的人可以得到提升。

解雇不合格的员工，还能避免企业僵化。不合格的员工会让企业变得呆滞、沉闷，将他们清理出去，引入新鲜血液，能够为公司带来创新和创意。新员工的新观点和新视角，能对企业产生很大的价值。

解雇不合格的员工，还能对其他员工起到警示作用。当那些不思进取的员工看到这类员工被辞退时，会产生危机感，他们会更加认真工作，提升积极性和责任感。

但是，管理者在淘汰不合格员工时要讲究方式方法，不然会对团队和企业造成隐患。

要想精准地淘汰不合格的员工，企业需要制定合理合法的考核制度和绩效标准，并且要做到可以量化，比如业绩、完成率、完成时间等考核标准。做不到就要被淘汰辞退，这样员工才会无话可说。

特别是企业内部的那些“老油条”，假如屡教不改，管理者对待他们要有力整肃，在适当的时候可以根据企业的规章制度将他们辞退，对其他人也会起到警醒作用。

那么，在企业中，哪些员工是必须淘汰出局的呢？

立场不坚定的人

在工作场景中，部分个体虽具备较强能力，但立场不够坚定。这类员工思想易受多种因素影响而波动，在复杂的职场环境里，其行为选择存在较大不确定性。由于他们难以坚定地锚定既定公司的利益，在面对各类利益诱惑或形势变化时，极有可能做出不利于公司的决策，对公司运营和发展产生负面影响。

道德品质有缺陷的人

道德品质有缺陷的人，往往自私自利、阴险虚伪。他们喜欢伪装自己，但是迟早会暴露自己的真实面目。这类人相当于团队和企业中的“定时炸弹”，企业任用他们将后患无穷。

负能量的人

有些员工经常发牢骚、爱抱怨，却从不思考如何解决当下问题。这不但会影响自己的工作效率，也会将负能量“传染”给其他员工，影响团队和企业内部的工作氛围和状态。

推诿扯皮的人

有些员工面对批评总是推卸责任，喜欢找各种理由和借口，面对分配的工作也总是能躲就躲。这样的员工缺乏责任感，没有担当，不堪大用。

青蓝